涿州抗日战争史略

李英欣　编著

河北大学出版社
·保定·

涿州抗日战争史略
ZHUOZHOU KANGRI ZHANZHENG SHILÜE

出 版 人：朱文富
责任编辑：张　磊
装帧设计：杨艳霞
责任校对：刘文娜
责任印制：常　凯

图书在版编目（CIP）数据

涿州抗日战争史略 / 李英欣编著. -- 保定 ：河北大学出版社，2021.9
ISBN 978-7-5666-1892-4

Ⅰ. ①涿… Ⅱ. ①李… Ⅲ. ①抗日战争史－史料－涿州 Ⅳ. ① K265.06

中国版本图书馆 CIP 数据核字 (2021) 第 140765 号

出版发行：河北大学出版社
地址：河北省保定市七一东路 2666 号　邮编：071000
电话：0312-5073019　0312-5073029
邮箱：hbdxcbs818@163.com　网址：www.hbdxcbs.com
经　　销：全国新华书店
印　　刷：河北纪元数字印刷有限公司
幅面尺寸：170 mm × 240 mm
印　　张：16.5
字　　数：185 千字
版　　次：2021 年 9 月第 1 版
印　　次：2021 年 9 月第 1 次印刷
书　　号：ISBN 978-7-5666-1892-4
定　　价：68.00 元

编　委　会

前　言

2020年是中国人民抗日战争胜利75周年，抗日战争是中国近代史上第一次取得完全胜利的民族解放战争。习近平总书记在纪念中国人民抗日战争暨世界反法西斯战争胜利75周年座谈会上说："中国人民在抗日战争的壮阔进程中孕育出伟大抗战精神，向世界展示了天下兴亡、匹夫有责的爱国情怀，视死如归、宁死不屈的民族气节，不畏强暴、血战到底的英雄气概，百折不挠、坚忍不拔的必胜信念。伟大抗战精神，是中国人民弥足珍贵的精神财富，将永远激励中国人民克服一切艰难险阻、为实现中华民族伟大复兴而奋斗。"

七七事变爆发后，平津陷落。为吞并整个华北，日本侵略军首先发动了一场"涿州大包围战"。中国军队进行了拼死抵抗，伤亡惨重，之后被迫南撤，民国涿县政府成了流亡政府，涿州人民陷入日军的殖民统治之下。

在国家与民族的生死存亡之际，中国共产党领导的八路军创建了晋察冀边区抗日根据地，并相继建立了抗日民主政权，与日军进行了拼死较量，粉碎了日军多次野蛮“扫荡”，最终赢得了抗日战争的伟大胜利。正如习近平总书记在纪念中国人民抗日战争暨世界反法西斯战争胜利69周年座谈会上所说：“中国共产党坚持全面抗战路线，制定正确战略策略，开辟广大敌后战场，成为坚持抗战的中坚力量。无论条件多么艰苦、形势多么险恶、战争多么残酷，中国共产党始终坚持抗战、反对投降，坚持团结、反对分裂，坚持进步、反对倒退，同各爱国党派团体和广大人民一起，共同维护团结抗战大局。中国共产党人以自己的政治主张、坚定意志、模范行动，支撑起全民族救亡图存的希望，引领着夺取战争胜利的正确方向，成为夺取战争胜利的民族先锋。”

在抗日战争胜利75周年之际，中共涿州市委宣传部组织专家学者，广泛收集并认真考证涿州抗日战争历史资料，系统梳理涿州抗日战争发展线索，客观展现涿州抗日战争中涌现出的英烈事迹，总结涿州抗日战争的经验教训，顺利完成了《涿州抗日战争史略》一书的编撰任务。

编撰出版《涿州抗日战争史略》一书，是一件具有重要历史和现实意义的工作，既是对抗战英烈的告慰，也是开展革命斗争史教育的需要，是弘扬中华民族伟大爱国主义精神的需要，是进行爱国主义传统教育的需要，是弘扬红色文化、传承红色基因的需要。

《涿州抗日战争史略》一书为读者提供了系统的历史资料和线索，通过阅读本书，读者能够较为清晰地了解涿州人民的抗战历史，继承和发扬革命前辈的抗战精神，更加坚定共产主义理想信念，积极投身“两个一百年”奋斗目标的伟大实践，为实现中华民族伟大复兴的中国梦贡献力量。

李英欣

2020 年 8 月 19 日

目　录

第一章　绪论

涿州抗战是华北抗战的重要组成部分。

1937 年 7 月底，国民党第二十九军卢沟桥抗战失败，北平、天津相继陷落，中国犹如一位母亲被撕开了衣襟，将胸膛袒露在敌人的刺刀面前，而涿州作为北平的南大门成为华北抗战的最前线。日军为夺取平汉铁路控制权，扩大对中国的侵略，紧急从本土调兵，部署了“涿州大包围战”。中国军队也集结 12 万军队，投入到“涿州阻击战”（亦称“涿保会战”）。经过 40 多天的攻守拼杀，中国军队战败南撤。随后，八路军晋察冀军区成立。在中共中央北方局和中共冀中十地委、中共平西地委的领导下，中共涿县地方党组织及武装力量，广泛发动群众，建党建政，积极开展对日伪的斗争，配合八路军开辟敌后战场，打击、牵制敌人的有生力量，为华北抗战做出了重要贡献。涿州地区的 8 年抗战，既是一段极为艰苦的岁月，更是一段永远不可忘记的历史。透过这段历史，我们可以看清楚许多深刻的道理。

第一，日本是一个岛国，地域狭小，资源匮乏，国民具有较强的忧患意识。悠久的武家社会传统、尚武轻生的武士道精神，决定了日本文化中早就含有侵略扩张的因子。

16 世纪末期，日本战国时代刚刚结束，丰臣秀吉就提出了“八纮一宇”（即天下一统）的思想，妄想“长驱直入大明国，易吾朝之风俗于四百州，施帝都之化亿万斯年”。不过，那时的日本还是一个封建落后的小国，丰臣之语只是一种狂妄的叫嚣。日本文化中侵略扩张因子转化为基本国策并付诸实施，则是在“明治维新”以后。日本于 1868 年丙辰内战中出现了明治政权，成为一个中央集权的统一国家，开始了“明治维新”。之后日本废藩设县，提出“脱亚入欧”的口号，并开始向西方各国学习科学与技术，开启了工业化进程，大力发展资本主义，使日本迅速成为一个蒸蒸日上的国家。此时，垄断组织开始出现，发达资本主义国家加速了在非洲和亚洲的殖民地掠夺。19 世纪末至 20 世纪初，资本主义发展进入垄断阶段，列强对落后国家的侵略和掠夺更加野蛮残酷，并且对殖民地的瓜分基本完毕。日本作为资本主义发展的后来者，正处于上升阶段，在争夺殖民地的问题上，不甘心落于英、美等老牌帝国主义之后，随着国力与军力的提升，日本在对外侵略扩张方面开始发力。

日本把对外侵略扩张的目标首先对准了中国与朝鲜。1840 年的鸦片战争，英国用大炮轰开了中国闭关锁国的大门，列强纷纷进入中国。列强不仅看到了中国地大物博，而且还看到了清政府的软弱可欺。日本作为中国近邻，早有谋华野心。看到欧美各国租地通商，不断攫取特权，更加急不可耐。1890 年，日本时任首相山县有朋在第一届国会施政演说中提出“大陆是日本的生命线”，把“守卫主权线”

“保卫利益线”作为日本“国家独立自卫”的基本方针。他把中国列入了日本利益线内，强调以军力为后盾，大力推行军国主义路线，形成了日本近现代史上的大陆政策。1893 年，樽井藤吉的《大东合邦论》出版，主张“日朝合邦”“与华合纵”，建成一个新的、名叫“大东”的国家，这也是所谓“大东亚共荣圈”的理论基础。1927 年的“田中奏折”提出“惟欲征服支那，必先征服满蒙；如欲征服世界，必先征服支那”，日本侵华战略进一步具体化。此后，日本的对华政策基本是按照这一步骤展开的。

日本在近代没有经过彻底的资产阶级革命，日本的资本主义是在封建皇室、藩阀和地主阶级基础之上发展起来的，是同封建皇室、藩阀和地主阶级妥协的产物。我们认识日本侵华战争的性质，仅从日本侵略扩张的文化因子、尚武轻生的武士道精神、冒险主义的民族性格等方面切入是不够的，还应该看到日本侵华战争是第一次世界大战的继续，是资本主义掠夺殖民地的战争。从根本上来说，是日本资本主义发展的结果，是资本扩张本质的反映。

第二，日本作为弹丸小国，敢于以蛇吞象，发动企图全面灭亡中国的侵略战争，是历代中国政府妥协退让的结果。

晚清政府是一个惧外暴内的封建统治集团。面对列强对中国的侵略瓜分行径，既无反抗的决心，又无应对的良策。为维护其统治，只能是一味地隐忍退让，其结果就是使侵略者的气焰更加嚣张。1874 年，日本以琉球渔民与台湾高山族人发生冲突，琉球渔民死亡 54 人为借口，派兵进攻我国台湾地区，这是日本对我国发动的第一次武装侵略。当时，高山族人已经抵挡住了日本侵略军的攻势，如果清政府态度坚决，派兵进剿，军民配合，便能打退日本侵略军。而清廷君臣，尤其是李鸿章，主张采取不抵抗政策，想要息事宁人。为换得日本撤军，竟然向日军赔礼道歉，承认日本的侵略行径为“义举”，并赔偿白银5万两，使日本第一次尝到了侵略中国的甜头。

20世纪以前，日本曾寻机谋取朝鲜，并多次对中国挑衅。清政府一退再退，最终导致1910年日本吞并朝鲜。琉球原本是中国属国，长期与中国友好相处。1879年，日本吞并琉球，废琉球国设冲绳县。琉球使臣来华求援，李鸿章则称：“中国受琉球朝贡，本无大利，……若再以威力相角，争小国区区之贡，务虚名而勤远略，非惟不暇，亦且无谓。”或许有人以为，面对强敌，清政府因国力衰微而妥协退让是无奈之举。可实际上，甲午战争以前，日本还是一个相对落后的国家。日本吞并琉球时，清政府驻日公使何如璋在致李鸿章的信中说得很清楚：“不知日本国小而贫，自防不暇，何暇谋人？该国债愈二亿，因去年萨乱（指明治十年，即1877年2月开始，以西乡隆盛为首领的旧萨摩藩士族发动的反政府武装叛乱），民心不靖，复议减租，国用日绌。近复下令借民债一千二百万，而应者寥寥，所赖敷衍者纸币耳。苟一兴师，则军械枪火皆购之外国，非现金不可。陆军常额止三万二千人，海军止四千人，轮舰止十五号，多朽败不可用者。”面对这样一个日本，清廷君臣苟且偷安，一味求和，使日军得寸进尺、气焰愈甚。1894年的甲午战争，其实是日本的一次豪赌，结果是北洋海军全军覆没，日军登陆中国，占旅顺，据辽东，逼威海，最终双方签订《马关条约》，中国放弃朝鲜，割让台湾与澎湖列岛，赔偿日本白银2亿两。李鸿章作为马关议和的全权代表，虽然在与日本的谈判中费尽周折，并险些丧命，但在关键问题上还是屈从于日本，遂了伊藤博文的愿。从李鸿章领命赴日谈判前给清廷的奏折中，便可窥见其思想深处之一二。李鸿章称："唐弃河湟之地，而无损于宪武中兴；宋有辽夏之侵，而不失为仁英之全盛。征以西国近事，普法之战，迭为胜负，即互有割让疆场之事。"其卖国嘴脸暴露无遗。1901 年的《辛丑条约》，1905 年的日俄战争，1915 年的"二十一条"，中国一再退让，列强得寸进尺，而其中日本尤甚。到 1931 年九一八事变时，中国的主政者已是南京国民政府，这个刚刚通过北伐胜利统一全国的政权，在对外政策上与清政府和北洋政府完全一致。面对日军的进攻，20 余万东北军不做任何抵抗便退至关内，日本迅速占领东三省，国民政府把相当于三个半日本国土面积的大好河山拱手让人。这一切皆因蒋介石实行"攘外必先安内"的政策，反映出主政者是把维护个人或集团的统治利益置于首位，而不惜出卖国家、民族、百姓的利益。

纵观近代以来的中日关系，从 1874 年日本用兵台湾开始，到七七事变的 60 多年里，日本帝国主义像切香肠一样不断蚕食中国，而每一次侵略滋事，都能得到丰厚的回报，这不但助长了日本的贪婪与野心，而且使日本逐渐缓和了国内阶级矛盾，化解了国内危机，为经济发展和扩军备战提供了便利。对于中国而言，日本帝国主义像一只死死叮住寄生母体的臭虫，须臾不肯放弃，直至 1937 年发动企图灭亡中国的全面侵华战争。

卢沟桥的隆隆炮声告诉我们，妥协退让没有出路，只有以同敌人血战到底的气概唤起全民族的坚决抗战，中华民族才能绝处逢生，才能赢得希望与生机。

第三，涿保会战，日军称“涿州大包围战”。中国军队投入兵力约 12 万人，日军投入兵力 8.85 万人。中国军队战亡 2.3 万余人，日军战亡 1448 人。第五十三军冯占海部第九十一师伤亡 6000 余人，其中第五四五团一营一连 140 多名官兵全部战死在固安县城。第二十六路军张金照部第三十师奉命防守周口店、石楼、顾册一线，与敌几十次相互攻守并肉搏，最后只余数百人。池峰城部守房山县（今北京市房山区）伤亡过半，战斗不可谓不激烈，官兵不可谓不用命，然而终归失败，饮恨退出战场，日军迅速占领涿县，继而攻克保定。在国难当头、民族危亡的关键时刻，中国将士挺身而战，浴血拼杀，守土保疆的精神，以及他们在这块土地上做出的牺牲，后人将永记铭记。

涿保会战是七七事变以后国民党军队组织的较早的一次会战，也是国民党军队在正面战场 20 余次会战中规模较小、敌我兵力差距较小的一次会战。尽管如此，仍不失为国民党军队正面战场抗战的一个缩影。从此次战役看国民党军队的失败，其原因绝非日军装备先进、训练有素那么简单，至少还有以下几点。

消极的防守思想。进攻是最好的防御，会战从一开始，国民党军队便败局已定。交战双方，日军为进攻方，何时进攻，从哪里进攻，怎么进攻，主动权完全掌握在日军手里，国民党军队只能被动应对。日军采用钳形战术，土肥原第十四师团、谷寿夫第六师团攻击永定河中段固安、永清一线，川岸第二十师团攻击房山、良乡一线。进攻开始前，左翼板垣第五师团一部于 9 月 11 日抵蔚县、涞源；右翼矶谷廉介第十师团也于 11 日占领马厂和青县，形成左右夹击之势。此时，国民党军队已处于内线作战的被动局面。

陈旧的战阵布局。开战前，国民党军队部署3道防线分散了兵力：第一道防线为涿县、良乡、房山、固安地区，由第二十六路军第二十七师、第三十师、第三十一师、第四十七师之一部和独立第四十四旅及骑兵第十师防守；第二道防线为易县、涞水、高碑店、新城（今高碑店市）一线，由曾万钟第三军及第四十七师之一部防守；第三道防线是满城（今保定市满城区）、保定、漕河、安新（今属雄安新区）一线，由第五十二军第二师及赵寿山第十七师防守。永定河南岸的固安、永清一线由第一集团军第五十三军防守。12万军队分散在东西80余公里，南北约130公里的广阔地区，与日军集中兵力攻击一点，迂回穿插的作战方法相比，作战部署显然是落后的。正如当时《大公报》记者评论所指出的："在战略上也非变更不可。过去各军奉到的命令只是死守，但因敌人之长，长在炮火，我军之弱，弱在炮火，我军死守，敌军正可以发挥其所长，其结果遂使我军死守，变成了守死。"

派系复杂，指挥不畅。众所周知，国民党军队内部派系众多、关系复杂，缺乏协调联动，难以形成合力主动出击打歼灭战。卢沟桥战役，国民党第二十九军之所以失败，其中一个不可回避的原因就是关键时刻宋哲元担心孙连仲部进入京郊作战会抢占自己在平津的地盘，因此拒绝了孙连仲的增援。涿保会战期间，参战的国民党军队中既有中央军，也有原东北军、西北军，还有陕军、滇军等地方派系的部队。刘峙秉承蒋介石的做法，将西北军的第二十六路军放在房山、琉璃河前线，将第三军放在涞水、高碑店、新城一线，却把中央军放在保定、满城周边，在第二十六路军苦战的一个多月里，不派一兵一卒增援，这些部队到关键时刻各自保存实力，也就自然而然了。后因第五十三军提前撤出阵地，导致涿保会战失败。蒋介石顾及与东北军的关系，对万福麟轻易放弃阵地的行为，不但未予追究，还发了奖勉电："敌军进犯永固阵地，兄部奋勇痛击，使敌受创退却。闻报之余，无任欣慰，特电嘉奖……"

兵力配备不足。国民党军队有12万之众，面对日军3个师团精锐部队的正面攻击，中日兵员比率为1.43∶1，国民党军队的兵力虽略多于日军，但考虑到有两个军的兵力部署在第二、第三道防线，所以实际上在第一线作战的国民党军队其实是略少于日军的。面对在7月底结束的卢沟桥战役中，第二十九军以10万人败于日军2万人的惨痛事实，国民政府显然没有吸取教训。会战之初，国民党当局曾计划派空军参战，但由于华北无机场可用，即便从最近的太原机场起飞，也不能到前线参战，因而放弃。又曾想把装备先进火炮的炮七团和战车防御炮部队的两个营派往前线，但蒋介石8月3日又亲自指示："炮七团位置应在保定或高阳附近，切勿置于最前线。"而战车防御炮部队"令其暂时集中于石家庄附近地区，但须疏散为要"。此时，房山、琉璃河前线战事正酣，可这些武器却均未能发挥作用。

旧军队的属性、体制、结构、特征是国民党军队战斗力不足的根本原因。国民党军队承袭北洋新军体制，并且其中很大一部分本身就是从北洋时期的军队转化而来的，尽管经过辛亥革命、北伐战争的改造，可旧军队的属性并未改变。军队中的官兵关系、文化结构、兵员素质、军事理念、思想作风与清末和北洋时期相比无根本区别。开战前，官兵中的惧日、恐日思想较为严重。第五十三军奉调永清、固安前线，途经任丘县（今任丘市）、雄县（今属雄安新区）时，士兵喊的口号是“天不怕，地不怕，就怕飞机拉粑粑”，足见其对日军的恐惧。固安前线部队战败南撤，后续部队还未进入阵地便转头就跑，战场顿时变成一场失去控制的大溃败。过白洋淀时，国民党军队纷纷丢弃辎重枪械，跳水而逃，而此时的日军其实并未追赶，国民党军队的战斗力由此可见一斑。

第四，1937 年 9 月 18 日，日军攻陷涿县县城，国民党军队撤出阵地。9 月 24 日，保定沦陷，国民党军队继续南撤。民国涿县政府随同国民党军队一道南撤，经石家庄、郑州、洛阳、西安，最后侨寄于陕西眉县。而涿县百姓则开始了在日伪统治下长达 8 年暗无天日的生活。涿保会战失败后，涿县周边的国民政府县级及县级以上政权或逃或散，平汉线两侧的广大地区很快成为敌占区。

1937 年 9 月 16 日，中共代表周恩来、彭德怀抵达保定，与徐永昌（保定行营主任）协商联合抗日相关事宜。同一天，从延安派到冀中开展平原游击战争的孟庆山与周恩来、彭德怀乘同列火车来保定。孟庆山经中共平汉线省委介绍与中共保东特委取得联系，深入安新、高阳、蠡县一带，依靠中共地方党组织，创建了河北游击军。10 月，原东北军第六九一团团长吕正操在中共地下党的协助下宣布脱离东北军，带领队伍回到高阳，改名人民自卫军。到 1938 年 2 月，仅半年时间，河北游击军和人民自卫军就发展到 8.6 万余人，号称“十万抗日大军”。

1937 年 9 月 20 日，八路军第一一五师政治部主任罗荣桓、副主任萧华率领政治部机关进入阜平，他们充分发动群众，创建了抗日根据地。11月7日，晋察冀军区在阜平县成立，辖4个军分区。1938年2月，晋察冀军区第六支队（邓华支队）挺进平西地区，3月创建房涞涿县抗日政府。至此，因涿保会战失败而被日军占领的冀中、平西地区，在中国共产党领导下，掀开了敌后抗日战争新的一页。

我们说中国共产党是抗日战争的中流砥柱，首先是因为中国共产党始终高举全民族抗战大旗，团结全国各阶级、各阶层，结成抗日统一战线，与日军展开了艰苦卓绝、毫不妥协的斗争。面对强大的敌人，敢于亮剑、敢于斗争、敢于胜利。无论在多么艰苦困难的情况下，从不妥协退让。除了中国共产党，在中华大地上没有任何一股政治力量具备抗战胜利的坚定信念与能力。其次就是国民政府及国民党军队令百姓失望的表现。仅40多天的时间，国民党的12万军队就丢失了包括涿县在内的保定广大地区。试想，当年涿县百姓把抗战的希望寄托何处？那个随国民党军队撤退逃往陕西的民国涿县政府，于涿县抗战还有何益？由此联想到九一八事变时东北军的不抵抗，联想到“塘沽协定”“何梅协定”，以及阎锡山与日军联合反共的秘密协定，还有一系列的战场失败，不能不说汪精卫的投敌其实是国民党内部对抗战绝望的表现，蒋介石和他的重庆政府虽然与汪伪政权进行了斗争，但其本身在抗战中的犹豫、动摇、妥协、退让，甚至暗中勾结，也是中国人民有目共睹的。

回望涿州地区的8年抗战历史，无不为涿保会战时中国军队官兵的失败而痛惜，更为中国共产党领导的各级武装在敌后抗日战争中表现出的牺牲精神而感佩。一个人的强大在于内心的强大，一支军队的强大同样也在于内心的强大，只有用先进的思想理论武装头脑，只有具有崇高的信仰、坚定的信念，只有跳出个人或集团利益的小圈子、全心全意为人民服务的军队，才是不可战胜的，而中国共产党所领导的八路军正是这样的一支武装力量。

第二章　七七事变与涿州阻击战

第一节　七七事变前涿县概况

1913年，废州改县，涿州改名涿县，仍属顺天府。1914年10月，顺天府改为京兆特别行政区，涿县为京兆特别行政区的20个县之一。

1928年6月，奉系军阀张作霖退出北京，阎锡山掌控京津地区。南京国民政府改北京为北平，将京兆特别行政区与直隶省合并为河北省，涿县自此隶属河北省。

1929年，涿县划分为6个区，县政府所在地的平原地区有5个区，山区地区（野三坡地区）为第六区。1935年，涿县全县总户数28 120户，总人口188 760人。

自古以来，涿州地区的经济社会发展便严重分化。涿州县城处于京南孔道，明清两朝时商业繁荣，文化信息昌达。尽管自清嘉庆、道光以后日渐衰落，但仍不失为物阜市隆之地，民风相对开化。涿州县城以外平原地区的乡村则相对落后，传统农耕是其基本的生活方式，且阶级矛盾突出，生产方式落后，思想观念陈旧。

20 世纪早期，涿州城乡还是一个沉闷的传统社会。辛亥革命虽然打倒了皇帝，可并没有改变中国半封建半殖民地的社会性质，封建主义土地制度未受到丝毫影响，大量土地集中在少数地主、富农的手里，而广大农民则只有少量土地或根本没有土地。涿州地区曾发生过多次大的兵燹，先是义和团众啸聚涞涿，进攻北京，遭到残酷镇压；再是直皖、直奉、晋奉战争在这里攻城略地，使本来就日渐衰落的社会更加残败。1912 年和 1917 年的两次特大洪水，涿州城乡损失惨重，田地被毁，房屋倒塌，大批百姓流离失所。连年的自然灾害与战乱，造成社会动荡，百姓在苦难中挣扎。

当时涿州所辖的野三坡地区是个例外。自金代析范阳县地置万宁县（后改称房山）后，野三坡地区就成为一块域外飞地。由于地处深山，与世隔绝，历朝历代都未在此建立过政权，百姓们过着近似原始状态的农耕生活，被李公朴称为“一个独立的世界”。野三坡内既无流官，又无土官，世代沿袭“老人制”以自理自治。1929 年，涿县政府在此设置第六区时，有些百姓还穿着明朝的服饰，且不知清朝已经灭亡，因此直到抗日战争全面爆发时，这一地区民众的心中还没有革命意识和国家民族观念。

1906 年，京汉铁路建成通车，推动了涿州的近代化进程。1916 年，易县北山社因反清丈土地和抗捐税，挟该县县长经涿县赴京请愿时，横岐、孙庄、城坊、韩村、西坛等数十个村庄的几万农民纷纷响应，声势浩大，并一同到涿县城内驱逐了政府官员，之后又发生了多次斗争。五四运动以后，随着新文化、新思想的迅速传播，似春风吹动了一潭池水，给沉闷的涿县城乡带来了新鲜气息。随后，以保定二师为首的学潮，以及平汉线铁路工人运动等都轰轰烈烈地开展了起来。九一八事变后，社会各界的抗日救亡运动此起彼伏，带动了一批爱国人士，尤其是先进的青年知识分子投身其中。随着马克思主义在中国的传播，1921 年中国共产党建立。1928 年，张廷瑞建立了涿县第一个农村党支部，共产党员魏颂尧受上级委派建立了国民党涿县党部，以公开身份为掩护，开展党的宣传工作，革命思想得到更快地传播。涿州民众的国家意识、民族意识被逐步唤醒，抗日救亡的热情日渐高涨。

第二节　七七事变简述

七七事变，也称卢沟桥事变，是日本帝国主义经过长期策划对中国发动的军事挑衅。

从 1936 年 5 月起，日本陆续增兵华北，并不断制造事端，频繁进行军事演习，华北局势日益严峻。当时，守卫平津地区的中国守军为第二十九军，军长宋哲元兼冀察政务委员会委员长。日本华北驻屯军以卑鄙的手段占领了丰台，并将下一个目标定在了卢沟桥。七七事变爆发前夕，北平的北、东、南三面已经被日军控制。北面是部署于热河和察东的关东军一部；西北面有关东军控制的伪蒙军 8 个师约 4 万人；东面是伪冀东防共自治政府及其所统辖的约 1.7 万人的伪保安队；南面日军已强占丰台，逼迫中国军队撤走。这样，卢沟桥就成为北平对外的唯一通道，其战略地位的重要性更加突出。为了占领这一战略要地，截断北平与南方各地的来往，进而控制冀察当局，使华北完全脱离中国政府，日军不断在卢沟桥附近进行挑衅性军事演习，一场暴风雨即将来临。

一、日军挑衅

1937 年 7 月 7 日下午，日本华北驻屯军第一联队第三大队第八中队由队长清水节郎率领，荷枪实弹地开往紧靠卢沟桥中国守军驻地的回龙庙到大瓦窑之间的地区。

晚上 7 时 30 分，日军开始演习。

晚上 10 时 40 分，日军声称演习地带传来枪声，并有一士兵（志村菊次郎）“失踪”，随即强行要求进入中国守军驻地宛平县城（今属北京市）搜查，遭到第二十九军第三十七师第一一〇旅第二一九团的严词拒绝。日军一面部署战斗，一面假借枪声和士兵“失踪”，假意与中国方面交涉。

凌晨 0 时左右，冀察当局接到日本驻北平特务机关长松井太久郎的电话。松井称，日军昨日在卢沟桥郊外演习，突闻枪声，当即收队点名，发现缺少一兵，疑放枪者系中国驻卢沟桥的军队，并认为该放枪之兵已经入城，要求立即入城搜查。中方以时值深夜，日兵入城恐引起地方不安，且中方官兵正在熟睡，枪声非中方所发，予以拒绝。不久，松井又打电话给冀察当局称，若中方不允许，日军将以武力强行进城搜查。同时，冀察当局接到卢沟桥中国守军的报告，说日军已对宛平城形成了包围进攻的态势。冀察当局为了防止事态扩大，经与日方商议，双方同意协同派员前往卢沟桥调查。此时，日方声称的“失踪”士兵已归队，但隐而不报。

二、奋起抗战

7月8日凌晨5时左右，日军突然发动炮击，第二十九军司令部立即命令前线官兵“确保卢沟桥和宛平城”，“卢沟桥即尔等之坟墓，应与桥共存亡，不得后退”。守卫卢沟桥和宛平城的第二一九团第三营在团长吉星文和营长金振中的指挥下奋起抗战。

日军挑起七七事变后，在全国引起强烈反响。七七事变的第二天，中国共产党中央委员会就通电全国，呼吁：“全中国的同胞们，平津危急！华北危急！中华民族危急！只有全民族实行抗战，才是我们的出路!”并且提出了“不让日本帝国主义占领中国寸土!”“为保卫国土流尽最后一滴血!”的响亮口号。蒋介石方面提出了“不屈服，不扩大”和“不求战，必抗战”的方针。蒋介石曾致电宋哲元、秦德纯（第二十九军副军长兼北平市市长）等人，称“宛平城应固守勿退”，“卢沟桥、长辛店万不可失守”。

三、中方反应

卢沟桥的枪声点燃了全国人民的怒火，全国大中城市一片沸腾，各党派团体纷纷发表声明，要求全面抗战，社会各界走上街头演讲，谴责日本帝国主义的阴谋暴行，呼吁全国民众团结抗日。在全国人民一浪高过一浪要求抗战的舆论压力下，1937年7月17日，蒋介石在庐山发表谈话，指出卢沟桥事变已到了退让的“最后关头”，“再没有妥协的机会，如果放弃尺寸土地与主权，便是中华民族的千古罪人”。对于在卢沟桥战斗中英勇抗敌的第二十九军，全国各界报以热烈的声援。各地民众纷纷组织团体，送来慰问信、慰劳品；平津学生组织战地服务团，到前线救护伤员、运送弹药；卢沟桥地区的居民为部队送水、送饭，搬运军用物资；长辛店铁路工人迅速在城墙上修好防空洞、挖好枪眼，以协助军队固守宛平城；华侨联合会也致电鼓励第二十九军再接再厉。七七事变爆发后，日军的进攻遭到了中国军队的顽强抵抗。日军见占领卢沟桥的企图一时难以实现，便玩弄起“现地谈判”的阴谋，一方面想借谈判逼迫中国方面就范，另一方面则是借谈判之名，争取调兵增援的时间。

7 月 9 日、7 月 11 日、7 月 19 日，日本华北驻屯军与冀察当局 3 次达成的协议，都被卢沟桥时断时续的炮声证明是一纸空文。“现地谈判”使日军赢得了增兵华北的时间，但它却蒙蔽了冀察当局的视线，迟缓了第二十九军部署应战的准备，给平津抗战带来了极大危害。

到 1937 年 7 月 25 日，陆续集结平津的日军已达 6 万人以上，日本华北驻屯军的作战部署基本完成。为了给进一步发动侵华战争寻找新的借口，日军又在 7 月 25 日、7 月 26 日接连蓄意制造了廊坊事件和广安门事件。

7 月 26 日下午，日本华北驻屯军向第二十九军发出最后通牒，要求中国守军于 28 日前全部撤出平津地区，否则将采取行动。宋哲元对此严词拒绝，并于 27 日向全国发表自卫守土通电，坚决守土抗战。同日，日军参谋部经天皇批准，命令日本华北驻屯军向第二十九军发动攻击，同时增调国内 5 个师团约 20 万人来到中国，并向日军华北驻屯军司令官香月清司下达正式作战任务："负责讨伐平津地区的中国军队。"平津的一场血战已在所难免，中国军队随之奋起抵抗。

四、平津沦陷

1937 年 7 月 28 日上午，日军按预定计划向北平发动总攻。香月清司指挥已集结到北平周围的第二十师团，关东军独立混成第一、第十一旅团，以及中国驻屯军步兵旅团约 1 万人，在 100 余门大炮和装甲车、数十架飞机的配合掩护下，向驻守在北平南苑、北苑、西苑的第二十九军第一三二、第三十七、第三十八师发起全面攻击。第二十九军将士在各自的驻地奋起抵抗，谱写了一曲英勇不屈的战歌。南苑是日军攻击的重点，第二十九军驻南苑部队约 8000 余人（其中包括在南苑受训的军事训练团学生 1500 余人）浴血抵抗，第二十九军副军长佟麟阁、第一三二师师长赵登禹壮烈殉国，军训团的不少学生也在战斗中献出了年轻的生命。

7 月 28 日夜，宋哲元撤离北平。29 日，北平沦陷。29 日凌晨，伪冀东保安队第一总队队长张庆余和第二总队队长张砚田，在通县（今北京市通州区）发动起义，积极抗日，后击毙通县特务机关长细木繁中佐等数百人，活捉汉奸殷汝耕（之后逃跑）。

1937 年 7 月 29 日，第二十九军第三十八师在副师长李文田的率领下，发动天津保卫战。第三十八师向天津火车站、海光寺等处的日军发动攻击，虽有所斩获，但遭到日军飞机的猛烈轰炸，伤亡甚大，遂奉命撤退。30 日，天津失守。

第三节　涿州阻击战

随着平津的失陷，国民政府军事当局判定日军必将向中国内地发动大规模进攻。为适应全面抗战的形势，国民政府迅速组建了新的统帅机构，划分战区，调整部署。河北地区被编为第一战区，设保定行营（后移至石家庄），并组建第一集团军和第二集团军。以津浦铁路北段为右地区，平汉铁路北段为左地区，由两个集团军分区防御。

第一集团军由第二十九军、第五十三军和冀北保安队，以及骑兵第四师、第九师组成，宋哲元任总司令，万福麟为副总司令。骑兵第九师和第五十三军守卫固安境内的永定河南岸，第二十九军守卫津浦铁路北段。

平汉铁路北段的第二集团军，由孙连仲第二十六路军、第三军曾万钟部、第二十军团汤恩伯部第五十二军，还有檀自新骑兵第十师、赵寿山第十七师、裴昌会第四十七师及独立炮兵第七团之一部组成，共 8 个步兵师、1 个骑兵师、1 个独立旅，约 12 万人，刘峙任总司令，孙连仲为副总司令，平汉线前敌总指挥部驻涿县。

平汉铁路北起北平，南至汉口，是贯通华北、华中的大动脉。其北段的涿州、保定是军事要地，第二集团军在此设了 3 道防线。第一道防线是涿县、良乡、房山地区；第二道防线是易县、涞水、高碑店一线；第三道防线是由漕河上游的满城山区至保定、安新一线。

日军占领平津后，为了吞并整个华北，开始沿平汉线南侵，并把涿县作为重要的进攻目标，发动了一场“涿州大包围战”，参战部队包括第五师团部分、第六师团、第十四师团、第二十师团及炮兵两个旅团、坦克一大队、空军二中队。在日本当年的战况报道中，把在良乡、窦店、房山、琉璃河、固安等地的战事都称作“涿州大包围战”的组成部分。9 月下旬，日军把涿县与保定的陷落视为他们重要的战果。

中国军队的涿州阻击战主要是孙连仲第二十六路军打的。这支部队的前身和第二十九军一样，都是冯玉祥的西北军旧部，军纪严明，有丰富的战斗经验。“效命疆场，保国为民”是西北军一贯的教育方针。总指挥孙连仲（1893—1990），保定市雄县人，有民族气节，是力主抗战的爱国将领。七七事变爆发后，即奉命率部由河南信阳及确山等地急速北上，增援第二十九军。孙连仲将军说：“日寇侵占我东北四省（黑龙江、吉林、辽宁、热河），又逼近我北平，还想吞蚀我华北，我们是绝对不允许的。大家记着，报仇雪恨，乃是军人的天职。”当时，部队官兵斗志旺盛，气壮山河，一致认为，神圣使命，不可稍殆，保国卫民，寸土不让，誓与国土共存亡。

7 月下旬，第二十六路军到达高碑店一线构筑阵地。7 月底，第二十六路军奉令北进，第二十六路军第二十七师冯安邦部进驻涿县，所部第七十九旅黄樵松部抵琉璃河、窦店一带。第八十旅阎廷俊部担任涿县城防，星夜赶筑工事。第三十一师池峰城部进驻房山，第三十师张金照部为后援，布防于周口店、石楼至顾册一线。独立第四十四旅驻涿县城南。

8 月 1 日，日军趁孙连仲部立足未稳发起进攻，步兵、炮兵、坦克、飞机组成联合作战队形，向良乡、窦店阵地猛扑。孙连仲部立即投入战斗，与敌激战竟日，将敌击退。8月2日，日军又发动攻击，再次被孙连仲部击退。8月3日，孙连仲部击毁日军坦克1辆，击落飞机1架。当日午后，日军以装甲车10余辆、战车2辆为先导，载步兵数百人发起反攻，企图夺回日军阵亡士兵的尸体及被击毁的坦克、飞机残骸，再次被孙连仲部击退。8月5日，孙连仲部发动反攻，将日军逼至良乡以北的南岗洼。8月7日，日军在良乡一带挑起事端。8月11日，第二十六路军向良乡、坨里的日军实行局部进击，次日发生激战。此后，日军接连发动进攻，与孙连仲部形成拉锯态势。

7月底，随着第二十九军的南撤，涿县县长王作舟也随军撤走。第二十六路军军部抽调第二十七师副参谋长刘德福担任河北省第二行政区督察专员兼涿县县长。刘德福为了维持地方秩序，适应战时需要，配合军队行动，在涿县城乡推行保甲制度，并派人下乡，限期10天完成区村保甲编制任务。各村18岁至50岁的青壮年男子，全部被编为自卫队队员，保长分任中队长、小队长；各区公所成立自卫团，设专职团长和军事指挥机构；县政府成立军事教导总队，县长兼任队长。全县普遍开展军事训练，各村口、路口设立哨卡，严格盘查过往行人。守城部队在城内双塔及城门上配置防空武器，实行夜间灯火管制。这些措施有效地改善了当时农村一片散沙的局面，对凝聚民心、支援前线起到了很好的作用。

第二十六路军以3个师的兵力，在房山、良乡、琉璃河一带摆下梯子形防线，骑兵第十师在永定河西岸的窑上、北蔡、南蔡、陶营一带与日军隔河对峙。涿县城乡的各界爱国同胞纷纷劳军，为第二十六路军的官兵烧水煮饭。青壮年自愿协助军队在良乡、房山、琉璃河一带构筑工事，挖交通壕，搬运给养、弹药。

8月20日，日军占领坨里。21日，日军第二十师团向良乡、房山一线发动攻击，对中国军队的阵地狂轰滥炸，以坦克车对中国军队全线阵地做正面不定型或间歇性冲锋，依仗其精兵利甲，横冲直撞。中国军队拼死杀敌，与日军激战三昼夜，终将进攻之敌击退。驻守良乡的第二十七师第七十九旅第一五七团是敌人攻击的重点目标，在众寡悬殊的情况下，部队退守良乡塔下，固守待援。在良乡战事吃紧之时，良乡监狱的犯人全部获释，其中有原是军人的陈东来、周文龙等人。出狱后，陈东来、周文龙二人召集100余人，自筹枪支弹药和刀枪等向国军投效，第七十九旅旅长黄樵松向上级报告后将其编为第四游击大队（此部后来壮大为敌后华北抗日救国同盟军一路军），委任陈东来、周文龙二人为正、副队长，并为他们供给了枪弹，命他们配合主力部队作战。21日夜，固守良乡塔下的第一五七团趁敌不备，选拔奋勇队百余人，由刘冠三率领，突入城内袭击敌人，以大刀、手榴弹、手枪与敌人肉搏，砍杀敌军数十人。终因敌众我寡，仅刘冠三等9人负伤返回，其余皆牺牲于巷战中。次日，日军集中兵力猛攻良乡塔一带，守军予敌重创后放弃阵地。日军接连攻陷窦店、董家林一带，进至琉璃河北岸猛攻河桥，企图占领桥头堡，守军第七十九旅张敏荣部立即予以还击。日军集中炮火猛轰，掩护步兵前进，战况激烈。第二十七师师长冯安邦闻讯，亲率特务营增援，双方展开激战，白刃肉搏，前仆后继，双方均伤亡惨重。独立第四十四旅及第三十五师王冠五部相继前来增援，遂对日军进行逆袭反攻，激战约两个小时，日军丢下战车2辆及尸体600余具退去。中国军队缴获日军榴弹炮4门、三八式步枪800余支及大量弹药物资。当夜大雨倾盆，琉璃河水猛涨，双方遂停止进攻。

胜利的喜讯传来，涿县城内的商民自发地组织慰问活动，由商会会长为代表向驻军赠送毛巾、肥皂、香烟、脸盆、茶缸、点心等物，另有一批猪肉、羊肉用以劳军，沿平保公路涿县至琉璃河段遍设茶水站，并供应过往军队生活用品。第一区区长鲁连弼上街张贴标语布告，向民众讲解防空、防毒常识。旅平学友会的成员徐子延、高沛霖等人带头组织抗日讲演队，上街头、进农村巡回宣传。张玉铭等人在县城内编印《抗战简报》。不少村庄的青年主动向军队学习军事常识，并进行军事训练，县城内的军事教导队接纳主动前来报名者达300多人。涿县城乡民众的抗日情绪非常高涨，在村头巷尾、田边树荫，民众聊的全是抗日的话题。

与此同时，日军向平西房山一带发起猛攻，第三十一师池峰城部于大石河沿河布防，双方在南观至磁家务一线展开激战。日军集中火力攻入八十亩地村，守军以劣势武器大刀片、手榴弹与敌血战，日军被击退。在八十亩地、南观等地的恶战中，第三十一师乜子彬部几乎伤亡殆尽，由第二十七师第八十旅阎廷俊部接防。过了3日，双方又展开激战，日军先是用密集的火炮猛攻，之后以空军作为掩护发动进攻。守军凭险固守，白刃肉搏，俟机逆袭。日军的进攻被阻，始终未能前进一步。此次守军伤亡逾千，之后又换第三十师张金照部布防。在前朱各庄、后朱各庄的争夺战中，战场上出现了很多可歌可泣的悲壮场面和感人事迹，如官兵前仆后继地爬上日军的战车把手榴弹塞入战车中，士兵将步枪插入日军坦克的履带内阻止其前进，受伤倒地的士兵用集束手榴弹炸毁敌人战车底盘，乡民上前线为部队送饭送汤水时，有人拾起阵亡士兵的枪支向敌人射击等。双方在大石河防线对峙20余日。8月27日，日军攻占了良乡、房山一带。

8月18日，日军一部侵占榆垡（今属北京市大兴区）一带的村庄，与永定河西岸的中国守军隔河相峙。日军巡逻队在西麻各庄至十里铺的永定河大堤上，日夜往返巡逻。9月初，在长安城避难的辛庄村村民李万兴、刘瑞等20余人，在义全寺内成立了长安城义勇队，李万兴、刘瑞任正、副队长，大家决定消灭日军的巡逻队，此事得到第二十六路军王副连长的支持。几日后，义勇队臂戴袖章，王副连长率领配有机枪的一班战士，一同来到永定河东岸，隐蔽在堤坡的土堆、树丛后。约下午3时，日军巡逻队30余人从北向南顺大堤走来。当巡逻队接近埋伏点时，义勇队和第二十六路军战士突然开枪射击，当场击毙击伤日军20余人。驻守在西麻各庄村和胡林村的日军听到枪声后赶忙前来增援。在激战中，王副连长和两名战士牺牲，义勇队亦有伤亡，队长李万兴和队员王兴德、魏傻子牺牲。第二十六路军的周营长听到枪声越来越密，不顾师部“只守不攻”的命令，率领全营出击，掩护义勇队返回长安城。

8月28日夜，第二集团军总司令刘峙和副总司令孙连仲视察防务后，宿于涿县鼓楼前的盐店中。深夜1时，刘、孙二人感到宿此不便，便悄悄迁往城南庄头村的民房中。谁料早晨7时左右，即有3架日军飞机在涿县县城上空盘旋，并向城内投放了十几枚重型炸弹，炸弹主要落在水门沟 3 枚、鼓楼前 5 枚、福音堂后院 2 枚、观音堂 1 枚、鼓楼前盐店 2 枚。水门沟街口炸死小贩及人力车夫各 1 人，伤 4 人，观音堂伤道士 1 人，盐店伤 2 人，福音堂后院的防空洞洞门被炸塌，洞内 19 人全部窒息而死。刘、孙二人因后半夜转移而逃过了一劫。后据民众报告，有一汉奸曾用小镜子向敌机指示目标。几天后，这个汉奸又在城中用暗号指示目标时，被守军捕获，审讯后被处死。从此，城关各户皆选择适当地点构建防空洞。之后敌机又来过几次空袭，一次是轰炸火车站，有几列火车皮被炸毁，伤数人；一次是沿城内大街向南投弹数枚，用机枪扫射居民，伤数人。守军在双塔上用机关枪密集地向敌机射击，有一架敌机被击中起火，仓皇逃窜，后坠于琉璃河村边焚毁。虽屡遭敌机空袭，但全城秩序不乱，城内消防水会配合驻军，扑灭因房屋中弹引起的大火数起。

第四节　涿县县城沦陷

日本侵略军的作战原则是“速战速决”，面对中国军民的顽强阻击，9 月 14 日，日军的 3 个师团开始向中国守军发起总攻，第二十六路军进行了顽强抵抗。日军抽调鲤登旅团偷渡永定河，迂回到守军右翼安图包抄后路。此时骑兵第十师在永定河西岸警戒，在窑上、南蔡、北蔡、陶营一线与日军对峙，发现敌情后立即隔河射击。附近村民纷纷持自卫枪支参加战斗，日军难以渡河，于是转向固安县。面对日军第六、第十四两个师团的攻击，负责永定河南岸防务的第五十三军固守激战后，被日军强占县城北的渡口。9 月 15 日，固安县城陷落，第五十三军提前撤出战场。

日军占领固安县城后，又西陷宫村，企图从东茨村渡大清河西上，攻击国民党军队右翼，可没想到在岸边遇到了抵抗。大清河西岸的西茨村有渔民马才弟兄6人，他们以帆船运载为生，经常乘船去天津，内心充满了爱国情怀，对日军的入侵非常愤恨。听说日军已到河东，弟兄6人便抄起自家备用的步枪奔上了河堤。这时的日军正在东茨村屠杀村民。马才独自一人上船解绳索，谁知一时解不开，情急之下，他用船上的铡刀将绳索砍断，急忙将船撑离渡口。此时日军已到河堤之上，见状立即向船上射击，马才左臂受轻伤，见不能走脱，立即跳入水中。岸上的其余弟兄几人为掩护他，向日军开了枪，马才潜水数里才爬上岸。日军见无法渡河，又知西岸已有防备，遂沿河南下。

9月16日，南下的日军与负责大清河防务的中国军队交火，战斗持续了两个小时，最终守军撤退。日军先头部队架浮桥渡大清河，由望海庄村进入涿县县境，之后向西南方向的松林店火车站推进。当日上午，日军在太和庄村、柳河营村制造了两起惨案。

9月17日，冯安邦率领第二十七师在琉璃河、房山一线阻击敌人。日军进袭琉璃河，琉璃河失陷。17日下午，西线日军侵入涿县境内，制造了练庄惨案。

9月17日下午，东线日军占领松林店火车站后，分出两股队伍，一股向南，一股向西，追击撤退的中国军队。

向南进犯的日军在涿县与新城县交界的北泽畔村村北，遇到了第二十六路军的辎重营。为了掩护军需转移，辎重营营长马逢乐率部奋勇反击，同日军展开激战。副营长兼第一连连长魏栋云身先士卒，用手枪连毙数敌后，从容地拾起机枪射击，士兵们精神抖擞，奋力拼杀，日军伤亡颇众。魏栋云带领一部人退进了高碑店火车站，日军随即追进了火车站。这时正巧有一列满载军用品的火车进站，魏栋云等人立即跳上机车，并叫司机倒退反驰，南去保定，这才甩掉了日军。

日军从固安县包抄松林店火车站后，第二十六路军腹背受敌，左右无援，加之伤亡过大，武器弹药缺乏，无力再战，只得忍痛后撤，向涞水、易县方向转移。此次战役历时 49 天，守军虽伤亡惨重，却也给日军以重创。北面的日军从房山、琉璃河分两路侵入涿县。

1937 年 9 月 18 日，涿县县城沦陷。以刘德福为县长的民国涿县政府随军南撤，成了流亡政府。第五区区长陈琳拒绝随县政府逃亡，他带领区公所自卫团坚守在横岐、宋营一带抗击日军。

中国军队撤出后，涿县地区一时陷入无政府状态，各种民众武装迅速崛起，自发组织抗日。涿县城乡的共产党员，在张廷瑞、于振坛等人的领导下，团结各界爱国志士，勇敢地展开了敌后抗日斗争。

第五节　日军在涿县的暴行

日本侵略军的铁蹄踏上涿县的土地后，便开始肆无忌惮地烧杀抢掠，残害无辜百姓，制造了一起又一起骇人听闻的血案、惨案，妄图以暴行使涿县人民屈服，日军的罪行可以说是罄竹难书。

一、东茨村惨案

9 月 15 日，日军占领固安县城后，企图从东茨村渡大清河西进，攻击中国军队右翼。日军进入东茨村后，进行了惨无人道的屠杀。

凌晨，日军飞机在东茨村上空盘旋，并不断向下扫射，密密麻麻的子弹像雨点一样落在村民的院子里、房顶上。老百姓异常慌乱，携儿带女四处奔逃。村民石坤、石凤梧父子躲进了本村的广荫寺，寺中有老和尚和小和尚二人。同时躲进庙里的还有本村的王福来和讨饭的阎拐子。日军的喊叫声和枪声越来越近，4 个人同小和尚一起进入北大殿，藏在佛像后面。老和尚认为自己是出家之人，身处佛门净地，与世无争，日军不会对他怎样，于是静坐在房中，没有躲藏。早晨七八点钟，日军进了村，日本兵一个个凶神恶煞般，端着刺刀，见人就挑，见鸡就抓，所过之处，一片狼藉。村民石俊和冯广德的爷爷、奶奶，以及陈少德的妻子等人，都被日军挑死在了自家房中。刘宝巨在自家院子里中弹身亡，陈少玉想泅水逃到大清河西岸，不料被日军打死在河滩上。固安县人李花在村南的马路边开了个煤场，日军闯进煤场，把李花哥俩和他们的孩子用麻绳捆住手脚，扔进水井里淹死了。日军又闯进附近的彭家客店，见店内无人，便捣毁门窗和家具，并用刺刀到处乱捅，随后在院子后面发现了地窖，便向地窖内开枪射击。藏在地窖中的彭家 7 口人和 1 个车把式共 8 人，有 6 人被打死在地窖中，他们分别是店主彭泽的妻子和儿子、弟弟彭浔夫妇和彭忠、彭铎兄弟。机枪扫射之后，日军又将地窖的洞口堵死。当时藏在地窖中的彭泽和车把式，将身子攀在地窖顶的木梁上，才侥幸躲过了子弹。听到日军离开了客店，他们二人赶忙在地窖顶上捅了个窟窿作为通气孔，这才保住了性命。日军将村民徐德兰、徐替、徐文生、彭顺等 10 多人用麻绳捆着，带到村中央的大坑边用机枪扫射，无辜的百姓一个个倒在血泊之中。子弹从徐文生的右腮打入，左腮打出，他随即昏死过去。彭顺则是随着枪声倒下装死，才幸免于难。除这两人死里逃生之外，其余十几人全部丧命。

中午，日军三个一群五个一伙地开始烧火做饭。几个日本兵踢开了广荫寺的庙门，闯入寺内，见寺内无人，便把枪架在一起，在院中燃起火堆，烧火做饭。一个日本军官手提东洋刀，挨屋搜查，他推开了老和尚的房门，看他披着袈裟，一动不动地眯着眼打坐，他上前一刀砍掉了老和尚的一只脚。这个“刀下留命”让老和尚遭受了 3 天的伤痛折磨，最后断气身亡。老和尚被砍断脚后，疼痛难忍，不停地喊叫徒弟的名字。躲在佛像后面的小和尚虽听到了凄惨的叫声，但却不敢动。有个日本兵走进北大殿，大声喊叫让藏着的人出来。第一个出来的是石坤，日本兵拿起阎拐子的拐杖，朝石坤身上狠狠地打了一棍。石坤趁机纵身跳过院墙，钻进了庙后的玉米地里。后面出来的 4 个人，每人都挨了一棍，被日本兵用麻绳捆起并连成一串，准备带走。阎拐子不用拐杖无法行走，日本兵便让王福来背着他走，并用刺刀在王福来的头上、脸上乱戳、乱划，弄得他满头满脸鲜血淋漓。走到距村东坟地不远的地方，王福来实在背不动了，日本兵就让王福来把阎拐子放在了路边，王福来则赶忙撵上了另外两个被绑着的人。此时，日本兵将阎拐子用刺刀挑死，之后又把王福来叫了回来，也挑死在了阎拐子的尸体旁。日本兵把石凤梧和小和尚带到村东坟地边上后，猛地端起了刺刀，趁着日本兵刀挑小和尚的一瞬间，石凤梧挣脱了绳索，闪电般钻进了路边的谷子地。此时天已黑，石凤梧躲在谷地里，顺着谷垅向西爬。突然发现有人向东爬了过来，两人一碰头，原来是父亲石坤，父子二人死里逃生，意外重逢。

在这场东茨村惨案中，有记录的死难者 21 人，死里逃生的 4 人。

二、太和庄惨案

太和庄村（今高官庄镇高庄村）位于涿县县城东南。1937 年 9 月 16 日，日军进入太和庄村，残忍杀害了男女老幼共 28 人。其中，胡永胜一家 8 口全部被日本兵用刺刀挑死在地窖口，胡永胜和弟弟胡永成在生命的最后时刻，仍然破口大骂日军；吴成志一家 7 口全部被杀害在一条土炕上；还有一对六七岁的双胞胎兄妹被日本兵用刺刀挑死。

三、柳河营惨案

1937 年 9 月 16 日上午，日军进入柳河营村。有两个日本兵来到王三的家中，他们翻箱倒柜，掏窝抓鸡，把家中仅有的 5 只老母鸡都抢走了，王老太太前去追赶，被日本兵刺死在了大门口。刚走出院子的日本兵忽然听到屋内有小孩的哭声，于是又折回院内。日本兵进屋见王三的媳妇正在炕上给孩子喂奶，他们冲到炕边，抓起孩子摔在地上，又连刺数刀。随后，两个日本兵奸淫了王三的媳妇，最后用刺刀将她挑死。全村百姓被日军驱赶到大财主杜海如家的院子里，一个身穿便衣、戴着黑框眼镜的翻译站在正房的台阶上，指手画脚地嚷道："大家听着，现在欢迎太君给你们训话！"接着，一个腰挂东洋刀，长着小黑胡子的日本军官，双手叉腰，用生硬的中国话说："皇军路过此地，谁家藏有国军军人，统统地说出来，谁要不说就死了死了地！"

之后，日本军官朝王福生号叫了一番，翻译凑过来说：“太君问你，谁是国军?”王福生抬起头，眼瞪着翻译说：“我不知道谁是国军，我只知道我是中国人!”日本军官冲着王福生就是一巴掌，打得王福生的鼻子鲜血直流。此时，几个日本兵跑了过来，将王福生拉出了人群，捆绑在门前的柱子上。日本兵放开了狼狗，刹那间，王福生被狼狗咬得血肉模糊，可他对日军仍是骂不绝口。王福生的儿子眼看着父亲被日军残害，他冲出人群，要与日本兵拼命，却被日本兵开枪打死。王福生的儿媳见亲人惨遭杀害，也冲出人群，向日本军官一头撞过去。日本兵将王福生的儿媳抓住，将她捆在了院中的槐树上，之后用皮鞭抽打她，用刺刀在她身上乱扎，王福生的儿媳一直骂声不绝。当场的百姓都被激怒了，个个紧握拳头，反抗起来跟日军拼命。手无寸铁的老百姓被荷枪实弹的日本兵当场打死 23 人，幸存下来的 39 名青壮年被日军捆绑双手，拉到村东的大水坑旁用机枪扫射而死。

在这场柳河营惨案中，共有 68 人被日军杀害，另有 260 多间房屋被烧毁。

四、东阳屯惨案

东阳屯村位于涿县县城西南 15 公里处，当时是个只有 70 余户人家的小村庄。1937 年 9 月 17 日，日军由小路向东阳屯村扑来。东阳屯村村东有座古寺，名龙泉寺，寺里有 7 名国民党士兵正在烘烤被雨淋湿的军服。他们发现日本兵后，赶忙把寺门顶上，并从正面向外射击，打死了几个日本兵及战马 3 匹。日军随即开始围攻古寺，最终 7 名国民党士兵弹药用尽，全部牺牲。

日军进入东阳屯村，首先碰到了村民李占先，由于他数月没有理发，头发过长，日本兵误以为他是个疯傻老人，便没有理他。之后李占先和父亲躲到了白薯窖里，可到了中午还是被日本兵发现了。日本兵将他们绑起来带到了陈振荣的家里，并被推进了北屋。屋里的炕上、地下挤满了人，有的用铁丝捆着，有的用麻绳捆着，李占先和李少昌、李少和三人被捆在一起，门外有日本兵站岗。西屋关的都是妇女，到了夜间，西屋的妇女遭到了日军的强奸。

天亮以后，小雨虽停，但天空还是阴得很沉。日本兵将北屋的门打开，把屋里的人都放了出来，又把老人和小孩推回了北屋，院子里只剩下了青壮年。日本兵将这些青壮年赶到西屋南边的猪圈旁，后用刺刀全部刺死，最后将尸体全部扔进了猪圈。之后，几个日本兵从开小铺的陈俊青家找来多半桶煤油倒在了尸体上，日本兵将煤油点燃，瞬间黑烟冒起，未被刺死的人失声惨叫，乱成一团。只见熊熊烈火中，陈旺猛然从尸堆里站起，急促地用手乱抹燃烧着的脸，并不断扑打、挣扎；李文玉在烈火中翻滚惨叫；有一个琉璃河铁路工人，身上着着火爬墙跳出，后被抓住打死，又被扔入烈火中。之后又有 3 人蹿出了猪圈。其中，陈俊德当场被日本兵打死，陈海丰耳朵上挨了一枪，倒在猪圈旁装死才幸免于难。陈顺钻进秫秸堆，躲在了一具尸体下，虽是挨了一枪，也总算死里逃生。烈火焚烧尸体的气味遍及村野，日军直至中午才离开。街道上倒着八九具尸体，龙泉寺 70 多岁的吴老道及村民李兰也死于非命。村头有两具女尸，一具是陈德成 50 余岁的婶子，一具是陈贺祥年仅 23 岁的母亲。日军走后，村里的妇女和小孩纷纷外逃，只剩下了为数不多的老人。3 天后，留在村里的老人才用镐将猪圈里的部分死人刨出，很多尸体被烧得焦黑一团，丝毫看不出人形。外逃的人陆续归来，认尸掩埋。

在这场东阳屯惨案中，日军共残杀乡民 98 人。

五、练庄惨案

练庄村位于涿县县城北部。1937 年 9 月 17 日中午，有 3 个日本骑兵出现在了练庄村村北，并向练庄村方向打枪试探，村民听到枪声后大都逃离。之后来了一队日军，他们用机枪、小炮向练庄村射击，驻军开枪还击后匆忙南撤。下午 3 时左右，日军侵入练庄村。进村后，日军便开始挨家挨户抓捕村民，并将村民们捆绑着拉到村东古树下的大水坑旁。晚上，一场血腥屠杀开始了。日本兵先用刺刀挑、战刀砍，然后开枪射击，最后将尸体扔进大水坑，又用玉米秸、秫秸等覆盖在尸体上面。第二天，日军继续南侵，只留下了练庄村一片狼藉，村里到处散发着血腥的气味。惨案中，有 3 人幸免于难，一个是刘振邦，他被日本兵捉住后奋力挣脱，跳入枯井中得以活命；一个是张德山，日本兵为了让他挑水，在他的臂膀上系了条白布，他才逃过一劫；一个是东仙坡张家场人，他在村北的 6 具尸体中被人发现，后由家属抬回救活。

在这场练庄惨案中，共有 37 人被日军杀害，其中有 9 人是外村人。

六、泽畔惨案

泽畔村位于涿县南部边界，是平汉铁路西侧的一个大村庄，全村分南、北两部分，北名北泽畔，南名南泽畔。1937 年 9 月 17 日下午，日军石黑联队在抢占了松林店火车站后，兵分两路追击正在向涞水、易县方向撤退的中国军队。第二十六路军辎重营营长马逢乐、副营长魏栋云等爱国官兵奋起抵抗，战斗一直持续到天黑。辎重营在夜幕的掩护下撤出战斗，日军虽是占领了泽畔村，但是付出了惨痛的代价。愤怒的日军于当天夜里闯进泽畔村，见人就杀。

孙毅先和他的母亲刚要出门躲避，迎头就撞上了一群日本兵，母子二人当场惨死在日军的屠刀下。孙万先、高鹏程和兽医高六先后中弹，倒在了血泊之中。崔华本想跑出村子，却被几个日本兵追赶到了赵广义家，之后中弹惨死在窗台。尚友、尚德兄弟二人躲进了白薯窖，灭绝人性的日本兵点着了垛在窖口的谷草，兄弟俩忍受不了烟熏只得爬出窖口，后被日军用刺刀挑死在了院子里。郑有的母亲年过八旬，听到门外的号叫声便走了出来，她看到房子起了火，连忙大声呼救，却被日本兵杀害在了街头。还有双目失明的赵姓村民，他被日本兵当作活靶子，也打死在了大街上。

翌日天明，日军闯进村民家中烧杀抢掠，又有大批村民被害。

藏在肖征、崔庆昌两家的第二十六路军辎重营的 12 名伤兵，有的被日本兵用刺刀挑开胸膛，内脏流出腹外；有的被日本兵用铁镐砸得脑浆迸裂。此外，在村边还发现了 8 名战士的尸体。

在这场泽畔惨案中，有 46 名村民和 20 名伤病员惨遭日军杀害，另有 200 多间房屋被烧毁。

七、西管头惨案

1937 年 9 月 17 日，西管头村的大部分年轻人，以及妇女、儿童为了躲避日军，都已逃离了村庄，可也有部分年老体弱者和个别不相信日本兵见人就杀的仍留在家中。日军端着刺刀闯进村子时，碰见那些听到枪声想外逃的村民后，不由分说，上前就用刺刀挑杀。眨眼之间，十几名村民惨死在了日军的屠刀之下。街上的人杀光了，日军就开始挨家串户找人杀。村民尚宝玲夫妇当时都已 80 多岁，双双惨死在日本兵的刺刀下；尚振岗的爷爷、大爷一家几口人，全都被日军杀害；尚财的母亲被日本兵砍掉了胯骨，死在了家门口；尚玉昆、高臣的爷爷、高凤的舅舅、梁树起的曾祖母，还有一个从外村来串门的人也都没逃过日军的屠刀。村中仅有两人逃过一劫，一个是村民高存，他是个年轻力壮的木匠，当听到街上传来的惨叫声后，他顺手抄起做木匠用的锛子，将端着刺刀已经进院的一名日本兵堵在了屋门外。大概那个日本兵见高存有股拼命的劲头，心里有些胆怯，冲屋子里打了一枪后，就去外边叫人，高存趁机跳窗逃离。另一个是村民李德海，他因为懂些日语，才得以活命。

在这场西管头惨案中，有 28 人被日军杀害。

第三章　地方抗日武装力量兴起

涿县被日军占领后，原有的区村自卫组织大都被地主豪绅所控制，变成了私人武装。涿县百姓对日本侵略军的反抗，大多依附于当地自卫组织。各个自卫组织之间又相互倾轧争夺，加上国民党军队抗战时遗留下一些流散军人组成的民间武装力量，很快形成了十数股杂色武装。其中较大的有：陈东来、周文龙的抗日复仇军，江东升的华北民众自卫军，何灿领导的联庄会，韩德义的农民自卫团，裴宏远的保甲团等。面对这种复杂局面，中共涿县地方党组织迅速建立起抗日救国会，广泛宣传一致对外、抗击侵略，团结各界爱国志士，发动群众建立起抗日武装，开展敌后游击战，在抗日民族统一战线的旗帜下，动员并带领全县人民参加反侵略战争。

第一节　建立涿县抗日救国军

面对日军的进攻与残杀，中共涿县地方党组织坚决抗战，并站在了抗日斗争的最前线。在涿县党组织创建人张廷瑞的带领下，联合涿县城乡各界爱国志士成立了抗日救国会。同时派城西冯村的李永福、李和两位共产党员，前往霸县（今霸州市）南关、北平前门打磨厂等地寻找上级党组织。1937 年 10 月初，李永福、李和二人在前门打磨厂印书局，与中共平汉线省委取得了联系。随后，省委派王耀伍来到涿县，召集张廷瑞、于振坛、李永福、李和、吕志、董秀丰等共产党员在城东清凉寺开会，传达了省委关于“组织武装，争取抗日力量，开展抗日游击战争”的指示。根据省委的意见，众人商定以上胡良村为基地，建立一支真正的纯粹的抗日队伍，正式打出“涿县抗日救国军”的旗号，由于振坛负责指挥。

涿县抗日救国军最初由上胡良村及周边村的 40 余名爱国青年组成，主要成员有张福、张勤、张志远、周永珍、周永兴、尤录、司永福等人，指挥部设在上胡良村的大庙内。涿县抗日救国军的武器补给除了村民的主动捐赠外，还有收集的国民党军队遗弃的武器弹药，地主富户看家护院的枪支弹药，以及向周围各村富足农户征集的粮款物资。

张廷瑞、于振坛二人对这支武装进行了严格的训练和爱国教育，因此涿县抗日救国军深受当地百姓的欢迎与支持，很快发展到了百余人。这是涿县历史上第一支在中国共产党领导下，以反抗侵略、救国救民为目的的武装力量。

1937 年 12 月 21 日上午，涿县抗日救国军在王家坟、三步桥之间的公路旁设伏兵，袭击了日军运输队。日军驾驶员和押车的日本兵当场丧命，涿县抗日救国军截获了数十袋面粉和一批军用物资。驻扎在涿县县城内的日军收到运输队遭劫的消息，立即派大队长坂田中佐带领 300 多名日本兵到上胡良村一带进行“清剿”。得知大批日军前来“清剿”，于振坛立即决定带领涿县抗日救国军向西北方向转移，日军则是紧随其后。涿县抗日救国军撤到长沟镇时，与华北抗日救国同盟军一路军周文龙部相遇，两军携手，立即就地布阵，与日军展开了激战，当场打死日军大队长坂田中佐。日本兵见指挥官毙命，便发起了更加疯狂的进攻。于振坛与周文龙则带领队伍，在夜幕的掩护下向山里转移。

第二节　涿县地方民众武装

随着日军的入侵，涿县的地方民众武装逐渐发展了起来。开始时都打着自卫或抗日的旗号，后来则分化成了抗日派、投降派和两面派。

一、周文龙抗日复仇军

周文龙（1914—1972），又名周震谭，出生于涿县百尺竿乡豆庄村。他 10 岁时在本村的私塾读过一年书，12 岁时去北京协助父亲做生意，14 岁时母亲病故后参加东北军。1933 年，19 岁的周文龙在东北军第二〇五师师长黄显声的手枪队中当护兵。1934 年，周文龙因拐枪潜逃被捕，关入良乡监狱。1937 年七七事变后，日军发起“涿州大包围战”，中日两军首先在良乡交火。狱中的周文龙与陈东来等人认为与其活着等死，不如与日军以死相拼，后因纷纷请求参战而获释。

出狱后，周文龙、陈东来二人自筹了一些枪支弹药和大刀长矛，带领 100 余人向阻击日军的第二十六路军第七十九旅请战，旅长黄樵松向上级报告后将其编为第四游击大队，委任陈东来、周文龙二人为正、副队长，并为他们供给了枪弹，命他们配合主力部队作战。

在周文龙奉命率部完成破坏良乡长舍桥的任务后，才发现国民党军队已南撤，房山、涿县先后被日军占领。周文龙和陈东来只得率部撤至房山大峪沟一带，并把番号改为抗日复仇军。抗日复仇军主要活动在房山、涿县一带，其力量逐渐壮大。

二、韩德义联乡自卫团

韩德义（1908—1939），涿县上念头村人，早年在东北军当过兵，曾升至连长，回家后在涿县展台村开了一家布铺。全面抗战爆发后，涿县被日军占领，一时间各种自发的武装力量兴起。展台村附近几个村落的富户看中了韩德义是当兵出身，便委托他收集社会上散落的枪支，组织自卫武装，名为涿县第四区联乡自卫团。韩德义为团长，李少卿为副团长，孔繁林为参谋长，下辖 4 个连，管辖范围为原四区的二十几个村庄，团部先是设在展台村，后迁至马踏营村。日军因侵略战线过长，导致兵力不足，无力消灭处于边远乡村的民间武装，便默许了韩德义联乡自卫团的存在。

1938 年 4 月，晋察冀军区一分区一团在团长陈正湘、政委王道邦的率领下来到涞水县石亭一带，在板城村召集各地方武装力量的负责人召开会议，会上决定发动平汉线“破交打点”战役，韩德义部被安排攻打日军占领的松林店。战斗胜利后，韩德义的队伍扩充到了 300 多人。

1939 年春，八路军邓华支队涞涿县政治工作团委派干部到横岐村、马踏营村收编韩德义的自卫团。韩德义同意改编，派其弟韩德启到涞水县宋各庄村面见邓华司令员。韩德义的部队被编为涞涿游击二大队，韩德义为队长。5 月，韩德义的随从副官赵作舟暗中与驻长沟的伪军队长孔宪江勾结，在马踏营村开枪打死了韩德义，并造谣说是八路军将其打死，赵作舟带领队伍离开马踏营村向长沟逃窜。韩德启听说哥哥被杀，赶忙向八路军邓华支队报告，邓华当即派骑兵营营长姚国君带队追赶。在东城坊村村北的河套中，姚国君的骑兵营将赵作舟等人包围，并让他当场说出了韩德义被杀的真相，之后将赵作舟逮捕，把部队拉回马踏营村的驻地进行整训。整训后，韩德义的自卫团被编入涞涿游击支队。

三、何灿岐沟联庄会

何灿（1885—1954），新城县乔刘樊乡台中旺村人。何灿是地主兼商人，家有土地百余亩，还开着杂货铺。七七事变后，当地各种武装力量兴起，为了保卫家园，何灿联合 12 个村的头面人物组织起了自卫联合武装联庄会。由于得到各村地主的大力支持，何灿队伍的势力很快便发展到了涿县境内的岐沟、南马等 20 多个村，队部设在岐沟村。何灿的队伍一度发展到千余人，下辖 5 个中队，另有 1 个特务队，由他的儿子担任队长。何灿表面上接受了日伪的“自卫团长”头衔，暗地里则是加强了与八路军的联系。

1940 年 6 月，中共涞涿办事处由郭各庄村迁至龙安村，主任王巍派白士毅、李德山、贾凤林、刘瑞宣等 20 余名干部深入涿县路西，广泛发动群众参加抗日。在“有钱出钱，有人出人，有枪出枪”“一切服从抗日，一切为了抗日”的政策感召下，何灿同意被编为平西挺进军的外围武装，即涞涿人民抗日自卫总队一纵队。自此，何灿负责的辖区成了敌我之间的缓冲地带，作为平西与冀中联络的交通节点，发挥了一定作用。

不久，何灿对日伪阳奉阴违的态度被日军察觉。1940 年 10 月，日军调集重兵对平西抗日根据地进行大规模“扫荡”，返涿途中将何灿部包围缴械。

何灿部的董一欧，1938 年参加过八路军军政训练班，力主抗日。在被日军包围后，他奋勇冲出包围圈，进入了涞涿县抗日民主政府。后来，董一欧曾任抗日区长，1945 年 5 月，当选为抗日民主政府涿县县长。

何灿部的中队长郭宗善，率领几十名战士冲出包围圈后投奔了涞涿县解放区。1940 年冬，中共涞涿县委重建县大队，将郭宗善部编为涞涿游击二大队，郭宗善为队长。1941 年 8 月，日军对房涞涿地区进行了为期 3 个月的秋季“大扫荡”，郭宗善在战斗中牺牲。

何灿部被日军缴械后，何灿和他的儿子被押至定兴，后逃脱，到北平重为商人，1954 年前后病死于北京。

四、抗日又降日的张海

张海（1901—1948），涿县西秧坊村人，回族，曾在山西当过兵，也曾在房山县六善会（联庄自卫武装）带过兵，后回家务农。涿县县城沦陷后，各种武装力量兴起，张海也自组了武装。不久，周文龙、陈东来组织华北抗日救国同盟军，张海成为四路军司令，驻涞水县石亭村。

1938 年春，张海投日，移驻涞水城内。后又反日，攻进了涞水城内的日本宪兵队及伪县政府，逼得日本兵跳墙而逃。驻火车站的日军守备队闻声乘卡车前来支援，驶到涞水县城门口时，张海部由城上投掷手榴弹，恰巧投入车厢内，多名日本兵被炸死。张海命人把炸死的日本兵的头颅割下，放在筐内挑着游行，据当时的目击者称，有三四筐之多，此外还俘虏了 10 余人送往平西后方。

很快，日军重新占领了涞水县城。张海将队伍拉至虎各庄村，后又转移到西峪寺。1938 年秋，日军对平西地区进行“大扫荡”，炸毁了西峪寺，张海的队伍被打散。

后来周文龙降日，张海投奔了周文龙，被任命为伪军大队长。因受王凤岗排挤，张海与周文龙先后脱离伪军，到涿县东关粮食集靠搬“墩子”倒卖粮食过活。

日本投降后，国民党接收涿县县城，大地主周绍棠组织壮丁队，张海被叫去当上了联乡中队长，手下有 200 多人，驻城西北两河村。1948 年，涞涿支队围攻两河村，张海走投无路，自杀而死。

五、江东升民众自卫军

1937 年 9 月中旬，第五十三军从永定河防线向南撤退。第五十三军第一六五团三营七连的士兵多为冀东或东北人，他们不愿南撤，而平日军阀作风严重的连长却坚决奉命南撤。部队来到雄县赵北口准备上船过河时，几个班排长合谋将连长打死，并一致推举中尉军衔的一排长江东升当了总指挥，全连有 90 人离开部队。在江东升的率领下，众人回到白沟、北沙口、泗庄一带，宣称要北上抗日。为了生存，江东升与北沙口村的大地主陈丹桥，辛立庄村的大地主、新城县商会会长王云卿，小营村的大地主孙伯华等人谈判，将队伍改为当地的保卫团，编成 4 个大队，总部设在北沙口村，江东升任总指挥。因为江东升的队伍打的是抗日的旗号，所以许多农村青年和爱国知识青年纷纷来投，队伍迅速壮大。可由于队伍成分复杂，不少兵痞、流氓也混入其中，且队伍中的骨干又是东北军，所以发生了很多损害当地群众利益的事。为促使其抗日，中共冀中党组织几次派人与江东升洽谈合作，可江东升均未答应。

1938 年 1 月，孟庆山率领河北游击军共 1200 余人北上，将江东升部包围在了白沟一带，经过两天的激烈战斗，江东升部战死 300 余人，被俘 500 余人。根据当时党的政策，俘虏去留自愿，人不愿留下的把枪留下，发放路费，并开欢送会欢送。俘虏见状，感动得痛哭流涕，大部分人选择留下抗日。不久，江东升找到孟庆山表示悔改。孟庆山随即把江东升部编为河北游击军第十三路，同时派共产党员刘佩荣等人进入部队负责政治工作，江东升则表示要在中国共产党的领导下坚决抗日。不久，江东升的总指挥部移驻白沟。

1938 年 3 月初，江东升部曾派 200 人的精干队伍夜袭高碑店火车站，放火烧毁站房，掀翻一段路轨，俘敌 4 人。次日，又在顺河营伏击一股日军，打得敌人丢弃 4 辆汽车后狼狈而逃。捷报传开，江东升部声势大振，学生、农民等参军者络绎不绝，仅几个月的时间，江东升的部队便发展到了 2 万余人。之后，江东升部由原来的 3 个团扩编为 3 个师，正、副司令员仍为江东升、左清臣。经八路军冀中军区批准，部队番号仍称华北民众自卫军。

华北民众自卫军先后消灭了定兴、新城、固安、雄县等地亲日的联庄会、保卫团、维持会，以及暗中亲日、积极反共的忠义救国军，从而使新城、雄县、固安、容城（今属雄安新区）、霸县连成了大片抗日游击根据地。江东升的部队还曾深入涿县松林店一带破坏铁路、电线，沉重地打击了敌人，其部队的活动范围后逐渐扩大到涿县的东部和南部地区。

1938 年 12 月，日军集结 6000 余人的兵力，在飞机、大炮、坦克的配合下，将华北民众自卫军大部打散摧毁。

1939 年，江东升先后担任冀中军区第六支队司令员、八路军第一二〇师第三支队司令员。在深泽县北马村驻防时，江东升正式加入中国共产党。9 月 19 日凌晨，江东升部在新城县李庄村被友军包围。江东升打开门说："请不要误会，不要开枪，我是江东升。"包围他们的人说："找的就是你！"随后"啪啪"几枪，江东升被打死在门口的台阶上。跟随江东升的 200 余人全部被解除武装，其中的几名骨干被砍头示众，当时给江东升定的罪名是"与平汉线日军有联系""准备亲日”。后经组织调查，指控江东升的罪名并没有任何证据，江东升及其几名骨干被杀是冤案，中共新城县委追认江东升等人为革命烈士。

六、裴宏远码头保甲团

裴宏远（1897—1951），涿县西田城村人，自幼能说会道，少年时上过几年学，长大后嗜好赌博，使原本能勉强度日的家庭每况愈下，后因赌债逃亡在外。1913 年冬，裴宏远投到孙殿英部下当兵，由护兵马弁，提升为班长、排长，几年后升为上尉副官，曾参加中原会战。孙殿英部被编为第四十一军时，队伍开往宁夏屯垦，在平罗与马鸿逵交战战败后被遣散，裴宏远则到商震的第三十二军当过一段时间的副官。之后，裴宏远开始伙同一些兵痞贩卖鸦片等毒品，他们从安徽亳州一带收购鸦片，再到彰德、北平各地出售。1934 年冬，裴宏远携带一批鸦片在北平前门火车站被查获扣押，因其随身带有第四十一军上尉副官护照，被北平宪兵司令部验证审讯后判刑，七七事变前释放回家。

全面抗战爆发后，裴宏远伙同一些散兵游勇自发组建了一股小规模武装，并到驻琉璃河第七十九旅旅长黄樵松处请求收编，黄樵松给了他们一个“游击大队”的名号，并派他们到良乡县北一带活动。涿县沦陷后，裴宏远只身逃回老家西田城村，曾在村中的赵姓地主家当护院，后来又去了义和庄村曹姓地主家当打更护院。

涿县码头镇各商店的店主和当地地主们为了保护自家财产，成立了保甲团，邀裴宏远任团长。这支地主武装供给较充裕，装备较齐全，逐渐扩大到了几百人，控制着码头一带的十几个村庄。

1938年，裴宏远部扩大到六七百人。裴宏远的女婿刘诗光，曾是第二十九军教导团毕业的下级军官，担任裴宏远部的训练教官。后来，裴宏远部成为涿县伪警备队一部，驻在码头一带，成了欺压当地老百姓的汉奸武装。

1943年，裴宏远到涿县县城内担任伪警备队联队长，他经常下乡“清剿”八路军武工队，残害抗日军民。抗战胜利后，裴宏远被国民党委任为良乡县县长，他疯狂镇压革命群众，良乡县的百姓对他恨之入骨。1951年，裴宏远被人民政府镇压。

第三节　华北抗日救国同盟军成立

1937年11月，在北京大学进步学生石岩的建议下，涿县境内及跨边界地区的复仇军、义勇队、自卫团等民间武装的负责人，应陈东来之邀，在涞水县石亭村举行结拜仪式。各路武装力量负责人共16人，插香誓约，成为异姓兄弟，其中寇介如最为年长，为大哥。同时，陈东来自称受孙连仲领导，宣布成立华北抗日救国同盟军。陈东来被推举为总司令，郭志和为副总司令，苏永志为总参谋长，司令部下设军需、副官、参谋、秘书等职。华北抗日救国同盟军下分4路军，各路军的首领称司令，分片驻防。

一路军，司令周文龙，副司令张连升。司令部设在房山县太和庄村天主教堂内，部队主要活动在太和庄、西长沟一带。

二路军，司令白秀亭，副司令郑勇、孔宪江，部队主要活动在张坊、南尚乐一带。不久，郑勇和白秀亭钩心斗角、争权夺势，白秀亭设计将郑勇杀害。1938 年 7 月，白秀亭率 700 多人投靠国民党河北民军司令张荫梧，被收编为冀察战区游击第五纵队，白秀亭为司令，李仲三为特派员。不久，白秀亭被日军逮捕，随即公开降日。后来，白秀亭部被邓华支队击溃，其中一部分被八路军收编，另一部分到涞水县城投靠了日伪军。

三路军，司令胡振海，副司令胡振江（胡振海亲弟弟）、寇介如，部队主要活动在周口店、黄山店、娄子水一带。胡振海虽有坚决抗日的意愿，却没有统领人马的谋略。1938 年 3 月，涞涿游击支队队长赵宝森准备收编胡部，但看到其队伍人员构成复杂，纪律松散，善恶并做，于是放弃收编，只是双方商定，互相联防，共同抗日。胡振海最后被日军杀害在涿县西河村。

四路军，司令张海，副司令宋海，部队主要活动在涞水王村一带。

第四节 抗日救国军并入同盟军

涿县抗日救国军与周文龙部在长沟与日军激战后的第二天，周文龙找到于振坛商议，想要将涿县抗日救国军编入同盟军一路军。

周文龙时年 24 岁，为人正直，愿意接受进步思想。他的部队多为农民和国民党军队的散兵游勇组成，有爱国保家的思想基础，只要加强政治思想教育，再施以正确的引导，这支武装便可以成为八路军领导的人民军队，成为一支抗战的骨干力量。中共涿县地方党组织经过研究，决定同意周文龙的请求，把涿县抗日救国军编入同盟军，命名为一路军第二大队四中队，于振坛被委任为队长。不久，因为于振坛勇敢地缴了涿县县城北门日军岗哨的枪，被周文龙委任为一路军副参谋长。

涿县抗日救国军的加入，使同盟军的战斗力进一步增强，抗日士气更加高涨。

第五节　改造同盟军周文龙部

1937年底，周文龙结婚，在房山县天开村大摆喜宴。这一天，涿县抗日救国会（实则是中共涿县地方党组织）的代表张廷瑞、张巨川、华景宜3人带着厚礼前来贺喜。周文龙见到张廷瑞后，先是一愣，紧接着马上请进客厅，好烟、好茶款待。张廷瑞是中共早期党员，在涿县、房山一带很有影响，周文龙对其早有耳闻，今日他大婚，张廷瑞能来贺喜，周文龙倍觉脸上增光，便把张廷瑞奉为上宾。

据说，宾主正在寒暄之时，副司令张连东推搡着两个士兵闯了进来，说他们不肯出去找老百姓要粮要款，为严肃军纪，要杀一儆百。周文龙不等张连东说完，便大手一挥，说："拉出去枪毙!"话音刚落，张廷瑞便放声大笑起来。这一笑，把全屋的人都惊呆了，周文龙也被笑得莫名其妙，忙问缘由。张廷瑞直率地说："周司令要枪毙士兵，可不是时候啊，你这是要把自己的人头交给日本鬼子呀！第一，司令新婚大喜，要开杀戒，不吉利。第二，眼下日军横行，百姓涂炭，抗日军中自相残杀，欺压百姓，不就成了孤家寡人，不就等于把自己的人头交给日军了吗？眼下大敌当前，周司令应该爱兵如子，怜惜百姓，兵民协力，才能克敌制胜嘛!”听了张廷瑞一席话，周文龙连声称赞道：“还是喝过墨水的人有见识，佩服！佩服!”在场的人也纷纷竖起大拇指，表示赞成。只有张连东摇晃着脑袋，灰溜溜地走了出去。

喜宴结束后，周文龙把张廷瑞请进内宅，密谈求计。根据张廷瑞的建议，一路军设立了政训处，并委任张廷瑞为政训处处长。

政训处设在房山县与涿县交界处的石窝村。参加政训处工作的全部是涿县抗日救国会的同志，其中多数是没有公开身份的共产党员，也有少量国民党员。花振瀛为组织股股长，唐益华为组织干事；张巨川为宣传股股长，于焕然为宣传干事；吴学纯、吴吉太、孟庆长、赵福龙、莫文华、江风、边子恒、吴桐、王晓峰、宋士勋等人为政训处宣传员。他们深入部队基层进行政治思想教育工作，不仅提高了部队的政治素质，还坚定了官兵抗战必胜的信念。

政训处还在石窝村成立了童子军，每日教他们学习文化，练习军事技能。张廷瑞经常亲自给童子军讲课，童子军学员很快发展到了百余人。

第四章　开创抗日根据地
建立抗日政权

七七事变爆发后，日军长驱直入，把主要力量都放在了前方，后方则以单薄的兵力守备铁路交通重要点线。在整个河北省，仅剩下了第一〇、第二〇、第二七等 3 个师团，总兵力不过 2.9 万余人，分兵把守在平汉、平津、津浦三大铁路干线。由于日军无法顾及广大农村地区，这就为抗日根据地的初期大发展提供了极为有利的条件。中国共产党首先建立了晋察冀抗日根据地，之后又相继开辟了平西、冀中抗日根据地。

第一节　晋察冀抗日根据地的创建

晋察冀边区地处恒山、五台山和燕山山脉的连接地带，控制着日军入侵华北的咽喉要道，威胁着敌占区的交通大动脉，以及北平、天津等大城市，战略地位非常重要。

1937年8月22日，八路军第一一五师由陕西的三原地区东进，开赴敌后抗日。9月25日，在平型关取得了抗战以来的第一次辉煌胜利，歼敌板垣师团千余人。平型关战役后，第一一五师副师长聂荣臻，率领一个独立团、一个骑兵营、两个不完全连和一部分军政干部，共3000余人，深入山西、察哈尔、河北3省的边界地区，与中共地方党组织会合，展开了晋察冀抗日根据地的创建工作。

杨成武率领独立团活动于灵丘、涞源、广灵等地。10月10日，独立团攻克涞源县城。10月15日，独立团在广灵、灵丘间的冯家沟村设伏，歼灭日军第五师团第二运输大队100多人，并乘胜收复广灵、灵丘、蔚县、阳原、浑源、易县等地。在对敌初战获胜，且得到民众信赖和欢迎的基础上，独立团抽调干部组成了工作团、工作组，分区分片发动群众，宣传中国共产党的政治主张和各项政策。10月底，独立团发展到7000多人，被扩编为独立第一师，杨成武任师长，邓华任政治委员，下辖3个团，成为晋察冀抗日根据地初创时的一支主力部队，打开了晋察冀边区北部地区的局面。

赵尔陆、舒同等人率领一部分军政人员开赴晋东北的五台、定襄等县，通过阎锡山成立的民族革命战争战地动员委员会，组织、动员民众支援抗战，广泛组织农会、工会、青救会、妇救会等群众团体，并主动与原五台县县长宋绍文（共产党员）取得联系，改造了定襄、五台两县的县、区政权机构，使抗战工作很快扩展到代县、繁峙、崞县、忻县等地，打开了晋察冀边区西部地区的局面。

以王平为首的地方党政工作团和刘云彪的第一一五师骑兵营，以阜平为中心，在冀西的曲阳、行唐、完县（今顺平县）、唐县等地协同中共地方党组织，广泛发动群众，组织义勇军和游击队，并成立了阜平县动员会，王平被选为主任。骑兵营先后攻占了曲阳、唐县、完县、满城等县城，随着这些县城的收复，工作团派出工作组分赴各地发动群众建立政权。不到一个月的时间就组成了 3 个游击大队，共 4000 余人，晋察冀边区东部地区的局面很快打开。

刘道生、周建屏领导的工作团及武装小分队共 250 余人，于 10 月和 11 月初先后进到浮沱河以南、正太路以北的，以平山、盂县为中心的地区，广泛发动群众，建立抗日武装。在中共地方党组织的配合下，不到一个月的时间就成立了近 2000 人的抗日武装——平山团。10 月 28 日，平山团收复了平山县城，同时在井陉、获鹿、正定、阳泉、平定等地的农村发动群众，组织起若干支游击队，打开了晋察冀边区南部地区的局面。

在中共晋察冀边区党组织的领导和八路军的影响下，广大群众的抗日热情日益高涨，纷纷组织起来，搜集国民党军队撤退时遗留下的枪支弹药，建立了自己的武装，游击队、义勇军、自卫军和各种抗日团体如雨后春笋般地成长起来。

1937 年 10 月 27 日，按照八路军总部的指令，晋察冀军区司令部成立，聂荣臻任军区司令员兼政治委员。11 月 7 日，晋察冀军区司令部对外公开宣告成立。

第二节　建立晋察冀军分区和第五支队

晋察冀军区下辖 4 个军分区。第一军分区司令员杨成武，政委邓华，辖雁北、察南及平汉铁路保定至北平段以西的灵丘、广灵、阳原、蔚县、涞源、易县、涞水、定兴、徐水（今保定市徐水区）、满城等县，以及涿县路西的广大地区。第二军分区司令员兼政委赵尔陆，辖晋东北的五台、定襄、忻县、崞县、代县、繁峙、应县、浑源、山阴等县。第三军分区司令员陈漫远，政委王平，辖平汉铁路保定至新乐段的阜平、曲阳、唐县、完县、望都、新乐及定县的一部分。第四军分区司令员周建屏，政委刘道生，辖平汉铁路新乐至石家庄段以西和正太路石家庄至寿阳段以北的平山、行唐、灵寿、正定、获鹿、井陉、平定、盂县、寿阳、阳曲等县。

12 月中旬，晋察冀军区根据中共中央的指示，对部队进行整编，各军分区部队分别整编为支队，称为第一、第二、第三、第四支队。原一分区八路军第一一五师独立团之前曾改为独立一师，此次整编又改为第一支队，下辖第一、第二、第三大队和第一游击支队，移驻涞源、易县一带。

七七事变爆发后，在京西宛平县的门头沟斋堂一带活跃着一支 2000 余人的抗日游击队伍，领导者名为赵侗。赵侗，辽宁岫岩人，九一八事变时正在东北大学上学，后流落北平。随即在北平组织起东北同学军回东北抗战，曾一度发展到万余人，但终因孤军作战，寡不敌众，被日伪军击溃。七七事变前再度回到北平，事变发生后，赵侗率先在昌平组建起抗日游击队，中共北平市委随即派共产党员汪之力、史进前、张如山等人加入游击队。8 月下旬，游击队改名为国民抗日军，活动于平绥铁路附近及北平域郊的南口、清河、沙河、羊坊一带。1937 年中秋节，国民抗日军袭击了功德林监狱（河北省第二监狱），释放了 700 余名犯人，其中包括磁州暴动领导人和李大钊的侄子李海清，以及几十名被囚禁的共产党员和爱国志士。释放的犯人中，有 240 人当场加入了国民抗日军。之后队伍转移到门头沟山区，并得到快速发展。1937 年 10 月底，八路军总部派胡敬一、吴伟、赖富等干部将朱德、彭德怀的亲笔长信交予赵侗，想要争取赵侗加入八路军。经过反复做工作，赵侗终于决定派汪之力、韩庄、王远音 3 人与晋察冀总部联系，并于 11 月将队伍带到阜平进行整训。12 月 25 日，国民抗日军被改编为八路军晋察冀军区第五支队，辖昌平、宛平、房山、涞水、涿县、怀来等 6 县，赵侗任司令员，高鹏任副司令员，汪之力任政治处主任。1938 年 2 月，第五支队奉命由阜平向平汉铁路出击。3 月下旬，部队返回平西，继续开展游击斗争。

第三节　开辟平西根据地　建立房涞涿抗日政权

抗战时期的平西是指北平的西部地区。东北以平绥铁路为界，东南以平汉铁路为界，西以蔚县（含蔚县）为界，包括宛平以西、蔚县以东、宣化以南、涞水以北的广大地区。平西涉及河北和察哈尔两个省，拥有宛平、房山、良乡、涿县、涞水、昌平、怀来、涿鹿、宣化、蔚县、阳原、怀安等 12 个县的全部或部分区域。

1938年2月，晋察冀军区以第一分区三大队为基础组建的邓华支队，从涞源出发挺进平西。邓华支队到达涞水县蟒石口村时，成功歼灭了蟒石口村的恶霸匪徒的武装力量。之后，邓华提出要建立房山、涞水、涿县联合县政府，并组建了筹备工作组，组长由中国人民抗日军政大学毕业学员包森担任，并派一个营负责工作组的安全保卫。

邓华支队继续前进，当晚宿营在马水村，也叫马水城。第二天到达谢家堡村，与宛平游击支队会合。邓华在谢家堡村部署了建立联合县委、县政府的工作。邓华要求工作组，首先要进行广泛的、深入的宣传工作，充分发动群众、动员群众和组织群众，把一切力量都动员起来，把一切力量都组织到抗日民族统一战线中来，并要求工作组在普遍发动群众的基础上，加速建立区、村政权。

3月28日，工作组在马水村创建了中共房涞涿县工作委员会、房涞涿县抗日政府和房涞涿县武装大队。杨春圃任工委书记兼县大队政委，刘慎之任县长，包森任县大队队长。不久，办公地点迁至野三坡的桑园涧村。

房涞涿县政府成立后，建立了3个区级政权，即涞水县的板城区（山区）、涿县的三坡区（涿县第六区）、房山县的南窖区，并将房山县的几个边缘村庄——芦子水、玉斗圈、交界口等划归三坡区管辖，原民国县政府委任的孟彩臣、杨成恒两位区长继续留任。板城、三坡、南窖等3个区成为平西地区最早的根据地。

第四节　开辟冀中抗日根据地　成立冀中第五军分区

冀中抗日根据地位于河北省中部平原，地处平汉、津浦、北宁铁路之间，是晋察冀边区的重要组成部分。这里河流纵横，土地肥沃，工商业比较发达，敌人占领的北平、天津、保定、石家庄等中心城市在其周围，战略地位十分重要。

1937年8月22日至25日，中共中央在陕北洛川召开政治局扩大会议，分析抗战全面爆发后的形势，明确提出要开辟敌后战场、建立敌后抗日根据地、开展游击战争。会后，中共中央派孟庆山到冀中地区开辟抗日根据地。

七七事变爆发后，中共中央北方局以中共保属特委为基础，在石家庄成立了由李菁玉、刘秀峰、肖悌、杨秀峰、李雪峰等人组成的中共平汉线省委，辖保东、保南、保西、直南、直中等5个特委，李菁玉任书记。中共保东特委由原中共保东中心县委改组而成，张君任书记，王志任秘书长兼宣传部部长，侯玉田任军委主席。9月，孟庆山来到安新后任保东特委军委主席，侯玉田改任军委副主席。1937年10月10日，石家庄沦陷，中共平汉线省委转移至山西阳泉，随八路军第一二九师活动，后改名为中共晋冀鲁豫省委。中共平汉线省委撤出石家庄后，保东、保南两个特委合并，成立了中共保属省委，张君任书记，孟庆山任军委主席，侯玉田任军委副主席。

1938年1月，吕正操率领部队路西整训结束回到冀中，中共中央北方局决定，中共保属省委改为中共冀中省委，统一冀中党的领导，鲁贲任书记，张君任副书记，吴建民任组织部部长，孟继光任宣传部部长，王志任秘书长，孟庆山任军委主席，侯玉田任军委副主席，省委机关由肃宁迁往安平。

4月底，中共冀中区委员会成立，黄敬任书记，鲁贲任副书记，张君、周小舟、吕正操、孟庆山、孙志远等人为委员，后又相继成立了4个特委（地委），健全了县委、区委和村党支部。冀中行政公署成立后，建立了4个专员公署，并建立了县、区、村抗日民主政权。

不久后，冀中区对所属部队进行了统一整编，孟庆山领导的河北游击军与吕正操领导的人民自卫军统编为八路军第三纵队，兼称冀中军区，吕正操任纵队司令员兼军区司令员，孟庆山任纵队副司令员兼军区副司令员。军区下辖第一、第二、第三、第四等4个军分区，纵队辖第七、第八、第九、第十等4个支队，每个军分区配备一个支队。

1938年2月，冀中军区人民自卫军独立第一团，从安平县北上，攻克新镇、霸县以后，在大清河北建立了第五军分区，组成了军政委员会。4月，中共冀中五地委（对外称战地服务团）建立，主要宣传《抗日救国十大纲领》，并积极恢复和发展党组织，建立县、区、村抗日民主政权和群众团体。1938年10月，冀中军区正式划定平津保三角地区为冀中第五军分区，朱占奎任司令员。1939年4月，冀中第五军分区行政专署组建。此时，宛平、大兴（今北京市大兴区）、涿县、良乡、安次、永清、固安、霸县、武清、容城、定兴、新城、雄县等县为第五军分区区域。之后冀中部队进行第二次整军，将第五军分区的部队改为第二十七、第二十九团。

冀中第五军分区的各县在中国共产党的领导下，大力开展人民武装组织建设，相继成立了农民抗日救国会、妇女抗日救国会、青年抗日救国会、文化界抗日救国联合会等各种群众抗日组织。不久，冀中第五军分区又成立了区、村自卫队，并将村中的大枪、撅枪、手榴弹、红缨枪等武器交给自卫队使用。自卫队的主要任务是站岗、放哨、侦察、通信、担架运输，还有配合主力部队作战、破坏日伪交通线、维持村庄治安、积极参加生产，以及其他各种抗战勤务。冀中第五军分区区域内 18 岁至 55 岁的男子大都参加了抗日组织，而各种群众抗日组织和自卫队都统一由抗日救国联合会领导。

第五节　房涞涿县改为涞涿县（山区）抗日政府

为配合冀东暴动，邓华支队准备进入冀东地区。为保证平西抗日根据地的巩固发展，1938 年 3 月下旬，晋察冀军区命令五支队（赵侗支队）返回平西地区。4 月底，五支队到达平西后，根据中共晋察冀分局和晋察冀边区行政委员会的指示，从部队中抽调了一批干部充实到平西的各县政权机构中。

1938 年 5 月，宋时轮支队经雁北开赴平西，与邓华支队合编，组成第四纵队。6 月，第四纵队开赴冀东，房涞涿县工委书记杨春圃、县长刘慎之、县大队队长包森随第四支队东进。接防平西的五支队根据中共晋察冀分局的指示，任命那恕为中共房涞涿县工作委员会书记，兼任县大队政委，佟旭野任县长，王文任县大队队长，王成录任游击支队特派员。

那恕和佟旭野二人接到任命后，立即将收编的王捷三和董凤海的保卫团集中到县政府所在地紫石口村进行整训，并将其整编为房涞涿县游击大队，共 200 多人，下辖两个大队，王捷三为第一大队队长，董凤海为第二大队队长。不久，遵照上级命令，房涞涿县游击大队被改编为平西抗日游击队第三支队，王文任队长，那恕任政委，王成录为特派员，贺成龙负责后勤工作。

平西抗日游击队第三支队第二大队队长董凤海和副队长隗有甫虽然表面上加入了革命队伍，可思想上仍然坚持反动立场，妄图有朝一日重新把持地方势力，称霸三坡地区。于是，他们暗中勾结了当地豪绅中的反动分子，趁主力部队挺进冀东之际，暗中策划推翻抗日民主政权，并将目标首先对准了政委那恕。

1938 年 6 月 4 日，平西抗日游击队第三支队奉命到涿鹿县执行任务。队伍行至中途，在北龙门村吃午饭。董凤海、隗有甫、孙增荣等人按照之前制订好的计划，缴了队长王文、特派员王成录、后勤贺成龙三人的枪，并将他们捆绑了起来。然后率队返回，分 3 路包围了紫石口村，孙增荣带领一个中队进村围攻县政府机关。进村后，孙增荣等人恰好遇上了那恕，那恕不明真相，让他们一起向村中心转移。众人刚到村中心，孙增荣便在背后向那恕开了黑枪，那恕腰部中弹，当场牺牲。叛乱分子立即冲进县政府机关，县长佟旭野此时虽已冲出村外，但终因寡不敌众，被叛匪绑架，后被王捷三的部下解救，王文、王成录、贺成龙等人在押解途中被押解人员释放。

叛乱分子得逞之后，董凤海等人把队伍拉到了桑园涧村。区长杨成恒随之叛变，与董凤海一伙人重新霸占了三坡地区，并活动于房山、宛平一带的山区，赫然成为当地一霸。

紫石口事变使房涞涿县的抗日骨干大多被杀。县政府秘书申爽重整旗鼓，整顿扩建了房涞涿游击队，并自任政委，带领部分干部和战士继续坚持抗日斗争。

1938 年 7 月下旬，五支队司令员赵侗因对党的整编政策和党组织在部队内的发展不满，决定实行逃离计划。对于赵侗的活动，五支队的党组织早有察觉和防范，当赵侗逃离时只带走了他的卫士和亲信共 10 余人，未带走任何一个成建制的班或排。

11 月，邓华支队回到三坡地区，击溃了董凤海匪部，将原房涞涿县改为涞涿县，建立了中共涞涿县工作委员会和涞涿县抗日民主政府，申子谦为工委书记兼县长，县政府设在板城（山后），辖区主要有涞水七区（板城区）、涿县六区（山南区）。之后相继建立了涞涿县游击支队，王志斌为队长，申爽为政委；建立了涞涿县基干自卫队，赵连士为队长，安廷玺为教导员；建立了涞涿县武装自卫队总队，陈聘卿为队长；建立了涞涿县抗日救国会，申子谦为主任。各种群众抗日组织也陆续建立，出现了广大青年积极参军参战的热潮。平西抗日游击队扩大到 1200 多人，主力部队增加到 3000 多人，中共地方党组织也有了一定的发展，在较大村庄都建立起了党支部，中共党员发展到 500 多人。

1940 年 9 月，山区涞涿县因与平原地区建立的涞涿县同名，故改称涞水县，石尚农为县委书记，郝邵尧为县长，县委、县政府分别驻在唐各庄村和蓬头村，三坡地区从此划归涞水县。

第六节　房涞涿县的武装斗争

一、“破交打点”战役

1938年4月，晋察冀军区一分区一团在团长陈正湘、政委王道邦的率领下，挺进房山、涞水、涿县的边界地区。在涞水县山前板城村，召集各地方武装力量的负责人召开会议，会上决定发动平汉线“破交打点”战役，并推举陈正湘为战役总指挥。

4月29日晚，平汉线北段几十公里范围内的涞水县、涿县、新城县和定兴县的几万抗日军民一起出动，他们拆毁铁轨、破坏路基、炸毁桥梁、袭击日军，使日军的客货运输中断多日。

在这次“破交打点”战役中，八路军部队收复了涞水县城，驻涿县县城的日军遭到重创，伪军张朝东率领部下10余人宣布起义。这次“破交打点”战役对平、津、保地区的日伪军是一次强有力的震慑。

二、奇袭日军守备队

1938年3月，中共房涞涿县工作委员会成立后，中共涿县地方党组织领导人张廷瑞立即与其取得联系，工委书记杨春圃肯定了中共涿县地方党组织的工作，并且支持张廷瑞等人对同盟军周文龙部的引导与整顿，当即派杨贯之、李小凡等十几人随张廷瑞到周文龙部协助工作。

周文龙委任杨贯之为秘书，并将政训处改名为政治部，所有参加政治部工作的人员开始公开穿着八路军的灰布军装。不久，周文龙又委任晋察冀军区一分区五支队派来负责联络工作的徐正冲为高级参议。这样，不仅使得周文龙部的政治工作大大加强，战士们的抗日情绪也日益高涨。

与此同时，伪涿县政府教育科科长高琴堂、税包商李墨卿等人按照日军的指示，前往同盟军周文龙部进行游说，企图拉拢周文龙投降。

周文龙与张廷瑞、杨贯之商议后，决定将计就计，借机到涿县县城内进行一次实地侦查。永乐村的杨伯清和张廷瑞假扮乡绅，为周文龙的“降日”作保。1938 年 4 月 25 日，以商谈为由，周文龙、于振坛、段坤、傅德才等人骑着缴获的日军战马进入涿县县城，佯装投降日军。周文龙等人在县城内四处活动，当来到水门沟时，在大升洋行门前被日军阻拦，日军不允许他们骑马通过。这时，周文龙发现在大升洋行内驻扎的是日军涿良房守备部队，日本军官对马大佐就住在院内。周文龙、张廷瑞、傅德才等人在粉子胡同的孔记钟表店内商定，利用 3 天后的北关庙会，出兵袭击大升洋行。当天，周文龙、张廷瑞等人撤出涿县县城，回到长沟驻地。

1938 年 4 月 28 日午后，傅德才率领便衣 6 人秘密进城，众人来到水门沟街口时，傅德才派张林拉着洋车来到大升洋行门口，向站岗的日本兵询问时间，就在日本兵抬起手腕看表的一刹那，傅德才纵身扑了过去，一匕首刺进日本兵的咽喉，结果了他的性命。说时迟那时快，傅德才等人快步闯入大升洋行院内。这时屋内的日本军官对马大佐正在和两个日本兵商量事情，另有约 20 个日本兵在后院收拾内务。傅德才闯入屋内，对准对马连开两枪，不料短枪在此时却卡了壳，傅德才随即扔掉短枪，与对马厮打起来。傅德才以前当过搬运工，只见他用了一个“背口袋”的招法，将对马摔倒在地，傅德才随手捡起扔在地上的短枪向对马头部砸去，三两下便将对马砸得脑浆迸裂，另外的两个日本兵也很快被郭老蔫等人处理了。之后傅德才等人来到后院，消灭了在场的十几个日本兵。众人迅速收缴了日军的几支短枪和部分子弹，鸣枪三响，冲出院门。

城门上的岗哨已由县城的内线联络好，听到大升洋行的枪声，当时正在北门和日本兵一起站岗的伪警察安福祥猛然夺过日本兵的步枪，迅速将其击毙。伪警察中队队长唐尧（又名唐太华，其弟唐益华是同盟军政治部组织干事）带领一队伪警察出城，经过北关庙会时宣布起义，加入了抗日救国同盟军。日军急忙下令关闭四门，将县城戒严，随即开始四处缉拿凶手。赶庙的人奔走相告，消息传遍了四面八方，极大地提升了涿县人民的抗日信心。

此次行动原计划是里应外合夺取涿县县城，可由于增援部队未能及时赶到，预定目标没有实现。

第七节　重建抗日救国同盟军　周文龙部遭袭惨败

由于抗日救国同盟军多由地方自卫队、保安团组成，成分复杂，其中不少人是绿林、兵痞出身，这就使得抗日救国同盟军只是一个松散的联盟。“破交打点”战役取得胜利后，各路武装力量负责人开始互相吞并。二路军司令白秀亭自立为王，极力扩大势力范围，自编组成8个支队。四路军司令张海在涞水县公开投降日军，攻击三路军胡振海部。在此情况下，陈东来在房山西域寺重建同盟军总司令部，周文龙、胡振海为副总司令，张廷瑞为政治部主任，唐尧为参谋长，以周文龙部为主，将部队改编成8个团。在张廷瑞、杨贯之的引导下，陈东来、周文龙先后带领干部到陈正湘率领的八路军部队参观、学习。

经过张廷瑞、杨贯之、徐正冲、于振坛等人积极有效的争取，以及陈正湘部队的正面影响，陈东来、周文龙、傅德才、段坤等人纷纷表示愿意接受晋察冀军区的改编。周文龙更是提出愿意按照冀中吕正操部的改编办法，接受八路军对部队的全权领导，对部队进行改编。1938年9月，抗日救国同盟军在房山西域寺召开会议，商讨关于接受八路军改编的相关事宜。会上推选徐正冲为全权代表，带着部队的序列名单，赴晋察冀军区商讨具体的改编方案，周文龙的高级参议韦义英随徐正冲一同前去。同时，周文龙还派出了20多名干部、30多名宣传队队员到八路军独立一师师部驻地受训。不料此时发生了秋季反“扫荡”，第一军分区的部队离开涞涿县，到保定东北部一带作战，徐正冲只得留在了军区政治部，改编周文龙部的方案未能推进落实。

1938年9月，徐正冲赶赴晋察冀军区不久，原周文龙一路军副司令张连东对接受八路军改编心怀不满，遂与日军秘密勾结，图谋不轨。

有一次，张连东派人抢老百姓的粮食，被张廷瑞当众制止，他恼羞成怒，回到司令部向周文龙告状。周文龙不知事情缘由，急忙请张廷瑞前来对质。张廷瑞来到司令部，不仅当场揭穿了张连东与日军勾结，阴谋闹事的罪行，还把截获的一封日军驻琉璃河部队小队长写给张连东的密信拍在了桌子上。面对张连东勾结日军的实证，周文龙顾及私交旧情，并没有当场处置张连东，致使他当晚携枪逃到琉璃河火车站投降了日军。

张连东的降日，给部队带来了极大的灾难，几乎造成全军覆灭。在张连东的协助下，日军纠集几千人，调用飞机、大炮，对长沟、西域寺一带进行了大规模“扫荡”，还放火烧毁了华北著名古刹西域寺。在日军的“扫荡”中，周文龙部毫无戒备，有的投敌，有的溃逃，有的牺牲。张廷瑞、杨贯之、李小凡、陈东来等人则撤往房涞涿山区。

段坤、于振坛等人撤到房良县的堂上村时，被几百名匪徒包围，经过激战，多数牺牲在陈家台一带。于振坛虽突出重围，却遭土匪暗算，牺牲在了黄山店。周文龙则带着二十几名亲随逃往大清河东。至此，一支千辛万苦才聚集起来的抗日队伍彻底溃败。当徐正冲带着中共中央北方分局和聂荣臻司令员的指示，以及部队改编计划回到西域寺时，才发现抗日救国同盟军已被打散，他只得又返回了晋察冀军区政治部。

张廷瑞、陈东来等人从山区辗转来到冀中军区，找到了吕正操司令员。张廷瑞被派到大清河北，在刘秉彦领导的第三十二团做民运工作。

第八节　涞涿政治工作团

1938 年 10 月底，邓华支队由冀东返回平西，任命民运科科长王巍为涞涿政治工作团团长。王巍在涞水县王各庄村发动各界爱国志士，组建了涞涿抗日战地动员委员会，进行抗日根据地的开辟工作。

当时，房、涞、涿 3 县的村民为了争夺拒马河水灌溉农田，经常发生纠纷，甚至村与村之间还会发生大规模械斗，政治工作团派阎塘深入各村进行调解。阎塘动员 3 县边界地区的乡绅参加，组建了三县水利协调委员会，不仅圆满解决了水利纠纷，还强化了抗日统一战线，使 3 县边界的乡绅和村民共同加入了抗日斗争。

政治工作团还利用军政训练班培养了一批抗日骨干，增强了涞涿地区的抗日力量。

第五章　开辟新区　建立抗日政权和抗日武装

根据中共中央的决定，中共晋察冀分局党委宣布，在平西地区组建中共冀热察区委和冀热察挺进军，之后又相继成立了平西、平北、冀东 3 个军分区。冀西、冀中、冀南、平西、平北和冀东，形成了一个能够充分回旋的抗日战场。

第一节　建立中共冀热察区委和冀热察挺进军

1938 年 11 月，中共六届六中全会快要结束时，冀东起义失败，八路军主力部队退到北平西面的百花山永定河地区，冀东只留下少量地方武装坚持斗争。中央军委认为，冀热察地区是日军的大后方，更是八路军的最前线，必须坚持开展广泛的游击战争。11 月 25 日，中共中央指出：冀热察地区有许多有利条件是可能坚持游击战争，并创建抗日游击根据地的，但是也有许多困难，要经过长期的艰苦斗争才能做到。因此决定成立八路军冀热察挺进军，派萧克前往工作，并成立军政委员会，统一领导军队和地方工作。

中共晋察冀分局党委决定撤销敌后河北省委，成立中共冀热察区委员会，马辉之任书记，吴德任组织部部长，姚依林任宣传部部长，辖平西、平北、冀东 3 个地区。八路军总部任命萧克为冀热察挺进军司令员。马辉之和萧克带领 20 多名干部和一批中国人民抗日军政大学毕业的青年共 200 余人，从阜平出发，经一分区的紫荆关、南城司、营安，于 1939 年 1 月来到平西涞涿县板城村、赵各庄村一带。马辉之、萧克等人随即召开部队和地方干部会议，传达中共中央针对冀热察地区和冀热察挺进军的有关决定，并逐步健全了工作机构。

2 月 7 日，中共冀热察区委员会和冀热察挺进军在山南村举行成立大会。中共冀热察区委委员有马辉之、萧克、吴德、姚依林、李楚离、张明远、李运昌等人，马辉之任书记。萧克为冀热察挺进军司令员兼政治委员。同时组建冀热察军政委员会，萧克任书记，委员有萧克、马辉之、伍晋南、宋时轮、邓华等人，统一领导平西、平北、冀东地区的党政军工作。

中共冀热察区委先后设在山南、北庄、大泽、罗古台、桑园涧、峨峪、蓬头、福山口等村。冀热察挺进军司令部先后设在山南、蓬头、福山口、板城、马各庄、盘坡、北庄、小峰口、马栏等村。中共冀热察区委和冀热察挺进军的成立，为巩固平西，发展平北，坚持冀东抗日游击战，确立了党的领导和强大的军事支撑。

第二节　建立平西专署和中共平西地委

为了加强对平西抗战的领导，根据晋察冀边区行政委员会的命令，1939 年 3 月 7 日，晋察冀边区冀西第四区行政督察专员公署（平西专署）在野三坡峨峪村成立，专员为杜伯华。平西专署隶属晋察冀边区行政委员会，所设工作机构有秘书室、民政科、财政科、实业科、教育科、司法科和公安处，辖房良、涞涿、昌宛、宣涿怀等 4 个县。

1939 年 5 月，根据中共中央北方分局的指示和中共冀热察区委的决定，中共冀热察区平西地区委员会（中共平西地委）在野三坡峨峪村成立，由中共冀热察区委领导。中共平西地委书记为郭永明，所设工作机构有秘书室、组织部和宣传部，辖房良、涞涿、昌宛、宣涿怀等 4 个县委。

中共平西地委成立时，根据中共中央北方分局的指示，中共冀热察区委准备东进冀东。但后因冀东形势变化，中共中央和晋察冀分局解散了东进工作团，并决定中共冀热察区委仍驻平西。为精简机构，减少领导层次，中共平西地委于 1940 年 1 月撤销，平西地区党的工作由中共冀热察区委直接领导。

山区根据地是依托，是后方；平原根据地是前线，是粮仓。山区根据地为活动在平原上的部队提供兵力转移休整的场所；平原根据地为山区提供人力、物力、财力的支援。这种相互依靠、相互支援的作战方式，形成了对日伪军占领的主要交通线和中心城市的战略包围，有力地钳制了日伪军，使华北游击战争得以长期坚持下去。平西抗日根据地在开辟和巩固冀中抗日根据地的过程中，发挥了很好的后方阵地作用。

中共平西地委、平西专署在中共冀热察区委、冀热察军委和晋察冀军区的领导下，在冀热察挺进军的支撑下，认真贯彻落实中共中央的各项指示，加强了对平西地区各县抗日战争的直接领导和指挥，平西地区的抗战工作不断发展，平西抗日根据地逐渐成为华北抗日战争的中流砥柱。

第三节　建立涞涿县的县、区抗日政权

1939 年初，晋察冀边区行政委员会提出了巩固县政权和改造村政权的任务，并且要求村公所建立村民代表大会作为最高议事机构。同时村公所设立了经济、调解、生产、教育等 4 个委员会，选举真正能够代表人民群众和劳动人民利益的人来掌握政权，以充分发扬民主，鼓舞民众的抗日热情。

房涞涿山前平原是平西抗日根据地通向冀中平原的交通要道，为了平西抗日根据地的进一步巩固和发展，必须开辟房涞涿平原地区。

一、建立中共涞涿县工作委员会、涞涿县办事处

1939 年 6 月，冀热察挺进军十一支队击溃了破坏抗日的“红眼军”和土匪武装，把投降日军、残害群众、制造事端的白秀亭、胡振海、郭桂之等人赶出了石亭、张坊一带。同月，中共平西地委和平西专署派人到涞涿边界的郭各庄村组建了中共涞涿县工作委员会，李忱

任书记。同时建立了涞涿县办事处，张季樵（又名张致祥）任办事处主任。

之后，冀热察挺进军十一支队越过平汉线，在永定河与大清河之间打通了冀中抗日根据地与平西抗日根据地的连接通道。经过挺进军主力部队的主动出击，平西抗日根据地得到了巩固和扩大。

1939 年秋后，张季樵、李忱先后调离涞涿县，中共平西地委派王野舟任中共涞涿县工委书记，赵行之为组织委员，白士毅为宣传委员，王德林为涞涿游击支队队长，魏国元任涞涿县办事处主任。

涞涿县辖平汉铁路以西和涞水县山前共 200 多个村庄，其中的大部分村庄都建起了群众抗日团体组织，并且公开活动，还相继建立了虎过庄、王各庄、郭各庄、娄村等一批党支部。

二、建立马踏营区公所

1939 年 1 月，涞涿政治工作团派李晋吾、孙元普等人深入涿县平原地区的马踏营、东城坊、西城坊、宋营、展台等村宣传《抗日救国十大纲领》，同时进行抗日根据地的开辟工作。在马踏营村组建了抗日区公所，陈琳任区长，杨振友任副区长，冯杰为助理员，孙元普为区抗日救国会主任。这是涿县平原地区的第一个抗日民主政权。

5 月，马踏营区公所积极动员青年参军参战，冯杰带领 50 多名青年报名参军，被编入了冀热察挺进军十一支队。

抗日民主政府在贯彻党的方针政策，组织根据地人民生产，实行减租减息、合理负担，改善群众生活，保护群众利益，进行政治、军事、文化教育，动员广大人民群众支援抗日游击斗争，镇压敌特汉奸活动，维护社会秩序，保护人民生命财产安全等方面发挥了重要作用。各级抗日民主政权在处理民事纠纷、刑事案件、汉奸特务案件中，在抚恤救济工作中，处处按照党的政策秉公处理，深得各阶层人民的拥护。

第四节　建立涞涿游击支队

1939 年初，冀热察挺进军十一支队政治工作团将韩德义的联乡自卫团改编为八路军的外围武装。

5 月，冀热察挺进军十一支队司令员兼政委邓华率部转战涞涿平原。十一支队骑兵营把韩德义的自卫团带回抗日根据地进行整训，并将其改编为涞涿游击支队，由马踏营区公所副区长杨振友任支队队长，三十三大队二营营长王德林任副队长，郑福顺（又名郑君）任政委。不久，郑福顺调走，改由三十三大队政委李志远任支队政委。涞涿游击支队下设 3 个大队，孙庆丰任一大队队长，铁征任指导员；肖炳林任二大队队长，徐树平任指导员；刘新民任三大队队长，高自修任指导员。经过整训，这支队伍的政治素质和战斗力有了很大的提高。

1940 年初，涞涿游击支队队长杨振友、政委李志远先后调走，涞涿游击支队更名为涞涿独立营，王德林任营长，李林秀任政治教导员，下设 3 个中队。

第五节　冀中五分区清理外围武装

1939年5月，陈东来按照吕正操的指示，收拢残部，成立了人民抗日军，陈东来任司令，周文龙和高伯冲为副司令，徐弘为政治部主任，这支部队成了冀中五分区的外围武装。

吕正操为了把这支武装变成真正的抗日力量，派了12名中国人民抗日军政大学的干部担任政委和教导员，负责部队的政治工作。人民抗日军一开始在永清、固安、新城、容城、涿县、涞水、房山等地积极配合冀中五分区进行抗日活动，可不久，陈东来在国民党特务的鼓动下，思想逐渐发生了变化，开始不断干扰、破坏抗日活动，且不接受冀中五分区的教育改造，纵容部下残害人民群众，并与日伪秘密联系，企图叛变投敌。

1939年11月，冀中五分区司令员朱占奎在新城县南徐家营村以开会为名，将陈东来、高伯冲、徐弘等人召集到一起，之后将他们逮捕并处决。周文龙因此心怀不满，带领部分人马到大清河的西柳河营一带盘踞，并在参谋长焦金森等人的怂恿下与日军勾结，叛变投敌。周文龙所带残部被编入涿固新房联防司令部，驻在何各庄村，周文龙为司令，王凤岗为副司令，焦金森为参谋长，下编4个大队。

1941年，日军怀疑周文龙有反意，于是开始重用王凤岗，并把周文龙的部队拆散后调往外地。1942年，周文龙被正式排挤下台。

第六节 粉碎日军“扫荡”

一、粉碎平西地区的日军“扫荡”

1939 年 2 月 1 日至 7 日，日军华北方面军为实施其 1939 年度“治安肃正计划”，向平西抗日根据地发起了进攻。冀热察挺进军、平西地方武装及广大群众与日军苦战一周，打退了日军的进攻，恢复了平西抗日根据地的原有领地，保卫且巩固了平西抗日根据地，彻底粉碎了日军“围剿”冀热察挺进军的企图。

1939 年 2 月至 3 月间，日军对平西抗日根据地基本上采取了守势，冀热察挺进军虽积极向日伪占领区发动游击战，但并无大规模的战斗。2 月中旬，冀热察挺进军一部活跃于房山县城近郊，在周口店、羊尔峪、山顶庙等地先后袭击敌人，并获得胜利。2 月 23 日，驻涿县附近的冀热察挺进军袭击了尤家坟与长沟的日伪军，25 日，又袭击了下庄村的日伪军，日伪军伤亡颇重。3 月 2 日，日军步兵、骑兵 300 余人和大量伪军由涞水县下庄村出发，准备偷袭祖各庄村。日伪军分 3 路将冀热察挺进军包围，冀热察挺进军与日伪军激战了两个小时，最终冀热察挺进军大获全胜，日伪军纷纷溃逃。此次战役，共击毙日伪军五六十人。

二、粉碎冀中地区的日军“扫荡”

1939 年 10 月初至 12 月底，日伪军连续进行了 3 次分区“扫荡”，企图在节约兵力的条件下，形成一个局部上的优势，在局部地区歼灭抗日武装力量，侵占抗日根据地。八路军部队反“扫荡”的基本作战方针是避免在日伪军合击点上、“扫荡”面上和包围圈内作战，跳到日伪军的“点、面、圈”以外，向日伪军的侧背或交通线上发动突击，同时以伏击和袭击的方式歼灭疲惫的日伪军。经常是以很短的时间、极少的伤亡，歼灭全部或大部日伪军。

12 月 20 日夜，冀中五分区朱占奎部的 2000 余人悄悄渡过永定河，进入了窑上村及附近村庄。朱占奎的部队纪律严明，他们怕惊扰老百姓，全部选择在野外或门洞里过夜。第二天拂晓，当老百姓发现自己的队伍来了，便纷纷跟八路军战士一起挖战壕、修工事，做好战前准备。不久，日伪军兵分 4 路向窑上村发起进攻。21 日上午 11 时，战斗打响了，战况十分激烈，双方一直打到深夜。由于日伪军的大批增援部队赶到，朱占奎部不得不向永定河东岸转移，撤出了战斗。

此次战斗，八路军战士英勇作战，加之当地老百姓的大力支持，仅在窑上村就消灭日伪军 280 多人，并缴获了一大批枪支弹药，沉重地打击了日伪军的嚣张气焰。

第七节　建立秘密交通线

为了保持北平、天津与平西抗日根据地之间的联系，中共晋察冀分局和中共冀热察区委先后选派机智勇敢、政治可靠的干部，组建了严密的党内秘密交通网络。地下交通线在护送来往人员、传递指示和情报、运送物资等工作中做出了重要贡献。

1939年初，为了建立平西抗日根据地与中共平津地下党的联系，中共冀热察区委在平西抗日根据地与平津地区之间设立了4条秘密交通线，并在妙峰山、田家庄、镇边城、松林店、张坊、三家店等处都设立了秘密交通站或交通点，且配备了优秀的交通员。

通过这4条秘密交通线，平西抗日根据地向平津地区派遣了一批干部，传递了党组织关于城市工作的指示；中共平津党组织向平西抗日根据地输送了一批干部和青年学生，并护送党组织人员到平西抗日根据地汇报工作。平津地区的一些国际友人和外籍教授也经平西交通线转赴晋察冀根据地。秘密交通线还负责运送了中共平津地下党筹集的电讯器材、印刷器材、医药、布匹、食盐等紧缺物资。交通员在执行护送任务的过程中，充分依靠当地抗日力量，避开日伪军盘查，使人员和物资安全抵达目的地。

第八节　发展平西抗日根据地经济

1939年5月5日，聂荣臻、彭真对平西地区的财政制度做了明确指示：过去平西各县的收入从无报告，今后各县需建立制度，保管一切收入，并呈报边区政府；统筹统支实行后，部队应停止筹款，纵有正当收入，亦须报告军区供给部，列入预算收入中；平西地区的日伪钞、杂钞须立即排除，要由边区政府统制流通，吸收法币（法定货币），以粉碎日军在金融方面对平西抗日根据地财政发起的进攻和破坏。

一、推进货币发行

1939年2月以前，平西抗日根据地的市面上还充斥着日伪联合银行、蒙疆银行、东三省官银号、冀东银行发行的日伪钞。平西专署成立后，开始积极着手改变这种状况。1939年9月，晋察冀边区银行在平西抗日根据地设立了办事处，严格执行了分期贬价的政策，即分3期杜绝使用日伪币，第一期日伪币1元折合法币0.95元，第二期减值为0.9元，第三期一律停止使用。由于平西抗日根据地人民对边区政府信任度的提升以及金融政策的正确执行，法币在平西抗日根据地逐渐被接受。

二、改善税收制度

抗战以前，平西地区的老百姓都被苛税重压着，多个税种使民众叫苦连天。抗日政府成立后，旧的苛税一律被抗日政府明令取消，抗日政府的税收只有出口税、进口税、烟酒税等几种。抽税的办法和贸易的原则均依照以下措施实行：一是对内尊重自由贸易，对外实行贸易统制；二是给在各县贸易局有登记的小贩发放营业证；三是奖励用不必要的输出品换取军需和粮食。田赋征收方面，每亩每年收正税8分。

三、重视矿产开采

平西抗日根据地积极开发矿山资源，涞涿县就曾利用石灰矿来增加根据地的财政收入。

四、加强财政建设

1939年3月以前，平西抗日根据地的财政是不统一的，以派公债、救国捐、富户捐、汉奸罚款为主要财政来源。公粮的征收动员次数很多，粮食制度没有建立。1939年3月至9月，平西抗日根据地的财政才逐渐走向统一。此时的军费已由军区统支，但因不能及时发放，仍以推销公债、救国捐、汉奸罚款为主要来源。1939年冬以后，平西抗日根据地的财政进一步走向统筹统支，并开始整理税收，财政开支以税收为主要来源，大部分地区实行合理负担，按合理负担统一动员征收公粮，粮食制度开始建立。

通过一系列的经济发展措施，初步建立起了平西抗日根据地的经济运行机制，为平西抗日根据地的经济发展奠定了基础。

第六章　巩固和发展抗日根据地

抗日根据地是开展游击战争的基础，没有这个基础，游击战就不能长久坚持下去。有了抗日根据地，建立起抗日民主政府，人民群众就有了民主权利，就有了抗战的积极性，坚持敌后抗战就有了坚强的依靠。共产党八路军及中共涿县地方党组织高度重视抗日根据地的发展，建立了坚强的抗日战争堡垒，建立并完善了县、区、村党的组织、政权组织和各种群众抗日团体。

第一节　开辟涿县（路东）游击区

涿县平汉铁路以东的地区属于冀中五分区，冀中五分区地处平、津、保三角地带，西起平汉铁路，东临北宁铁路，南至白洋淀和文安洼，面积达7000多平方公里。永定河、大清河、拒马河在这里汇聚，土肥水美，物产丰富，号称沃野粮仓。永定河畔，柳林沙丘密布，大清河两岸，湖洼港汊纵横，长年芦苇丛生，为开展抗日游击战提供了天然屏障。

1939年夏，中共冀中五地委在新城县东阎林村召开扩大会议。会议决定：调配部分县级干部，加强地方党政工作建设；动员群众参军，壮大武装力量；组织工作队积极开辟涿县、宛平、永清、安次、固安、武清等县新区的工作。

1939年秋，冀中五分区为了开辟涿县（路东）抗日根据地，在涿县、固安、新城的边界地区建立了抗日政权。任命尹中甫为中共涿县（路东）县委书记兼县大队政委，张德明为涿县（路东）县长，杨熙为民政科科长兼县政府秘书，乔悦为县大队队长。

涿县（路东）抗日政权以新城县平景地区为依托，在大清河两岸与日伪军周旋，并逐步向涿县境内发展，试图在涿县境内扎根，可由于斗争形势严峻，未能成功。尹中甫在残酷的斗争中，丧失立场，与日伪勾结，最终被冀中五分区政治部处决。

1940年1月，中共冀中五地委任命韩良为中共涿县（路东）县委书记，任命平西专署实业科科长周梦白为涿县（路东）县长，再度开辟涿县、固安、新城的边界地区。由于这里是汉奸王凤岗的巢穴，斗争环境极端恶劣，所以这次开辟工作最终以失败而告终。

1940年4月，中共冀中五地委为了开辟涿县东北部地区，派孟秋仿带领工作团来到永定河两岸，积极发动群众开展抗日战争。冀中五分区又派来第二十九团配合开辟工作。部队刚进入湾里村，就遭到了日伪军的包围，激战一昼夜，第二十九团安全转移，此次开辟计划未能实现。

1940年7月，中共冀中五地委第三次决定开辟涿县、固安、新城的边界地区，建立抗日根据地。这次樊干任中共涿县（路东）县委书记，化名范雨存，对外称抗联会主任。张廷瑞任涿县（路东）县长，兼任县游击大队队长，化名张之达，乔悦任副队长，李星源为妇救会主任，杨德山为涿县边界区委书记。

1940年8月，冀中五分区改称十分区，五专署、中共冀中五地委同时改称十专署、中共冀中十地委，改由中共平西区委领导。8月中旬，新组建的涿县领导班子成员在大清河东徐家营村召开会议。大家分析了当前敌强我弱的形势，总结了前一段时期急于求成的教训，确定了今后机动灵活的战略战术。中共涿县（路东）县委在机关和县大队中挑选了16名骨干，组成武装工作小分队，由县委书记樊干和县长张廷瑞亲自带领，从新城县平景村出发，迂回到许家营村、夏三营村一带，他们化装成小商贩，渡过大清河，利用青纱帐，北上到达涿县、新城县的交界地区。在东下庄、西下庄、上庄、老王庄、双铺头、王御史庄、北相、东代屯、中代屯等村进行扎根串联，宣传《抗日救国十大纲领》，广泛发动群众，建立农民抗日救国会。他们采用"钉钉子"的办法，沿大清河西岸一个村一个村地做深入细致的工作。每到一村，就挨门逐户地讲解抗战的道理，发动群众行动起来，与日伪做斗争。武装工作小分队广泛建立秘密堡垒户，建立抗日救国群众组织，在动员效果好的村就留下1名干部在村中坚持工作，筹建村抗日政权。经过一个多月的艰苦努力，武装工作小分队站稳了脚跟，初步打开了局面。

涿县、固安、新城3地边界地区抗日游击区的开辟，为冀中十分区的对敌斗争建立起了一块前哨阵地，就像在日伪统治区插上了一把尖刀，在巩固冀中十分区抗日根据地，以及在冀中与平西根据地之间建立秘密联系等方面发挥了积极作用。

1940 年 9 月 26 日拂晓，王凤岗派人包围了武装工作小分队的驻地中代屯村。樊干、乔悦带领一部人先行突围，张廷瑞和单秘书等 5 人断后。众人突围到大清河时，张廷瑞与敌人激战，子弹打光后壮烈牺牲，这次开辟工作以失败而告终。

1940 年 10 月，中共冀中十地委任命樊干为中共涿县（路东）县委书记，任命张仲伦为涿县（路东）县长兼县大队队长，徐莫为自卫队队长，李星源为妇联会主任，乔悦为县大队副队长，再次开辟涿州、固安、新城 3 地边界的抗日根据地。他们以“羊拉屎”的工作方式，不设固定驻地，走一村宣传一村，先后深入柳河营、东代屯、西代屯、高官庄、刁窝、码头等村进行宣传。为了配合百团大战，中共涿县（路东）县委还组织发动群众进行“破交”斗争。

第二节　按“三三制”原则选举区、村抗日民主政权

中国共产党对抗日民主政权建设的政策是：根据地抗日民主政权是中国共产党领导的抗日统一战线性质的政权，即几个革命阶级联合起来对汉奸和反动派的专政；实行在政府工作人员中，共产党员、非党左派进步分子、中间派各占三分之一的“三三制”政权制度，容纳多方，团结抗日的各阶级、各阶层；共产党在政府工作中的领导地位和优势，是靠政策的正确、党员的模范作用和人民的拥护来实现；在政权工作中，要不断健全民主制度，党员必须同党外人士实行民主合

作，倾听他们的意见，遇事共同商量，不得一意孤行、把持包办；政权的施政方针是反对日本帝国主义，保护抗日人民，调节各抗日阶级的利益，改善群众生活。

1940年6月初，根据中共中央关于抗日根据地政权建设的指示，中共晋察冀边区委做出《关于进一步在边区实现新民主主义政治和促进全国实施真正民主宪政的决定》，边区行政委员会公布了《晋察冀边区暂行选举条例》《晋察冀边区县区村暂行组织条例》等有关民主建政的具体法令，决定在全边区开展民主选举运动，民主选举村干部，自下而上选举区代表和区长、县议会和县长、边区参议会和边区政府主任委员。

根据上级关于实行民主宪政的指示，涞涿县开展了村、区、县民主政权建设。村选是民主选举的主要阶段，可以为各级选举打好基础，是对全民进行宪政教育的宣传、普及、深入的初期阶段。

村选，即在宣传教育的基础上，进行选民登记，划分小组，并由各群众团体或个人联名提出候选人，候选人参加竞选时提出个人的竞选纲领，然后经过选民的充分酝酿讨论，召开选民大会进行选举。选举实行无记名投票，选民可在候选人或选民中自由选举自己认为最合适的人选。根据地边缘的环境较为残酷的地区，则可以采用更为灵活的方式进行选举。

1940年，涞涿县的部分村落实行了自下而上平等的秘密选举，初步实现了村政权组织机构的改革，建立了村落民意机关——村代表会。在村公所下建立民、财、教、生产、调解等委员会，分别处理各项日常工作。在政体上，村代表会与村公所均采取民主集中制，消灭了地主阶级的封建统治。

根据地边区的《选举法》规定：区设区民大会，区公所设区长 1 人，助理员 2 至 4 人，均由区民大会选举产生。在民选实行前，区长由县长委任，区助理员由区长遴选。区公所的分工，原则上与县政府相同。《选举法》还规定：现役军人或警察、现任政职者、有不良嗜好者、有汉奸嫌疑者不得为村长候选人，不得当选区长。《选举法》同时明确了区长的 25 项职权，包括户籍调查及人事登记事项、汉奸侦缉与拘禁事项、组织通信网络传递消息事项、保卫事项、粮食储备及调节事项、县政府委办事项等。

涞涿县辖 7 个区。一区（虎过庄、龙安一带），区委书记为孙俊卿，区长为郭殿宏；二区（娄村、王家坟一带），区委书记为王连增，区长为高金榜；三区（龙泉、赤土一带），区委书记为王文章，区长为孙山；四区（韩村、北马、松林店、边各庄一带），区委书记为芮敏，区长为郭汉勋；五区（宋营、兰营、里池、百尺竿一带），区委书记为芮敏，区长为高文元；六区（北七山、洛平一带），区长为孙锡臣；七区（北义安一带），区长为董一欧。

根据地的“三三制”民主选举，是中国农村开天辟地的第一次，农民第一次有了选举自己领导人的权力。这是人民当家做主的一次尝试，是中国共产党依靠人民群众的体现，是对几千年来封建农村社会的革命性改造，极大地提高了农民的政治地位、社会地位。

第三节 涞涿县自下而上选举抗日民主政府

1940年3月，涞涿办事处主任魏国元调往区党委党校工作，上级派王巍任涞涿办事处主任，并把办事处由郭各庄村转移到龙安村。

1940年6月，中共冀热察区委和中共平西地委决定将中共涞涿县工委（山前）改为中共涞涿县委（山前），县委书记为王野舟，王伍为县委副书记兼组织部部长，白士毅为宣传部部长。涞涿办事处改为涞涿县政府。经过民主选举，产生了第一届县议会，白士毅当选为议长，邵荣轩为副议长，王巍被选举为抗日民主政府县长。同时还成立了人民抗日武装委员会，史迈为主任，鲁平为副主任，下设干事2至3人。各区也相继建立了武装委员会，又称区大队部，设主任或队长1人，主要负责民兵工作。

第四节 建立和加强群众抗日武装建设

随着反“扫荡”斗争的胜利，平西、冀中地区的地方武装也有了较大发展。各县相继建立起了民众抗日组织，以人民自卫武装反抗日本侵略者的局面正在大清河两岸逐步形成。

1940年6月，涞涿县妇女抗日救国会、农民抗日救国会、青年抗日救国会等群众抗日团体组织相继建立健全，形成了广泛的抗日民族统一战线，团结、动员涞涿县全体人民投入反抗日本帝国主义侵略的洪流之中。

根据地民兵自卫队是根据地重要的抗日武装力量。涞涿县各区、村普遍建立了民兵组织，有的建立了民兵自卫队、模范自卫队（简称模范队），有的建立了青年抗日先锋队（简称青抗先）。民兵平时的主要任务是站岗放哨、检查行人、防止敌特活动、传递情报、替军烈属代耕等。战时的主要任务是带领群众“坚壁清野”、掩护群众转移、配合主力部队行动、抬担架、搞运输、埋地雷、侦察敌情、袭扰日伪军等。民兵平时受各级武装委员会的领导，战时则受主力部队的统一指挥。

民兵自卫队一般称为人民武装抗日自卫队，是由抗日根据地内年龄在 16 岁至 55 岁的群众组成的不脱离生产的群众武装组织。

模范自卫队和青年抗日先锋队是人民武装抗日自卫队中的骨干。

模范队是根据地内 24 岁至 35 岁青壮年参加的武装组织，主要由共产党员和先进分子组成，亦称基干自卫队。模范队受区人民抗日武装委员会的领导，因其一切工作都带有严格的军事性和政治性，故是民兵自卫队中的模范。

青抗先由根据地内 16 岁至 23 岁的青年积极分子组成。1938 年 6 月 7 日，中共中央发出了加强战区青年工作的指示，指出战区青年工作的中心任务是建立青年半武装及武装组织。涞涿县在 1939 年相继成立了青救会、青抗先队部，之后涞涿县武委会建立了青年部，具体负责青抗先工作。青抗先是青救会的团体会员，接受青救会的领导，青救会的各种决定青抗先要无条件地执行。同时青抗先又是一个带有相对独立性的青年武装组织，有其独立的领导系统。

涞涿县的民兵自卫队除模范队与青抗先外，还有妇女自卫队、游击小组等群众抗日武装。

妇女自卫队的编制、纪律和领导，与其他人民自卫武装力量基本上是一致的，且均受各级武装委员会的统一指挥。妇女自卫队以村为单位，编为队、中队或班，其基本任务是放哨、警戒、锄奸、送情报、短途运输、打击武装汉奸、“坚壁清野”、破坏交通，并逐渐代替男性自卫队负责维持后方秩序等工作。妇女自卫队的队员还要参加生产活动，经常利用闲暇时间给部队做军衣、军鞋，以及救护伤病员。

因小股日伪军的不断袭扰，广大群众迫切地需要自卫武装，于是在游击区或接近游击区的各村便建立起了游击小组。游击小组是秘密的不脱离生产的人民武装组织，由一部分青抗先和模范队的成员组成。游击小组的武器装备比一般民兵的要好，既能配合部队作战，又能独立进行游击活动。游击小组经常进行镇压汉奸、袭扰日伪军、消耗日伪军、疲惫日伪军的活动，是抗日根据地武装斗争的重要力量。

第五节　培训青年抗日先锋队

涞涿县各群众抗日团体的工作开展得有声有色，尤以青年人最为活跃。青救会主任李光武、宣传委员陈辉等人经常深入平原地区，在日伪控制严密的村镇，动员一个个青年走出书斋、走出家门，投身到轰轰烈烈的抗日战争洪流之中。

孙各庄村有个青年叫刘静安，原本在张坊改良中学读书，可学校后被日军放火烧毁。刘静安就一直待在家中，刻苦攻读医书，想将来当一名医生，用自己的医术为乡亲们解除病痛。经过李光武、陈辉等人的启发、诱导，使这个埋头读书的青年人认识到：国家危亡，家园难保，要想替乡亲们解除病痛，必须先救国家，先治好民族的创伤。最终，刘静安毅然放下医书，走上了抗日救国之路。

拨亮一盏灯，照亮一大片，动员一个青年加入抗日队伍，就能带动一个村的青年。刘静安走出家门后，他积极动员全村青年，组织起了青年救国会，他也很快锻炼成了一名坚强的抗日战争骨干。

1940 年秋，涿县青救会集中各村的青年抗日骨干，在沈家庵村举办了抗日青年干部培训班。青救会宣传委员陈辉，既是培训班的校长，又是教员。他负责编写教材，刻印蜡纸，还利用业余时间自编自演文艺节目，教学员们演唱他即兴创作的抗日歌曲。

参加青训班的 100 多名青年，分别来自涞涿平原的 3 个区，都是各村在抗日战争中涌现出来的积极分子。陈辉通过讲抗日战争的形势，分析敌我双方的斗争特点，指出取得抗日战争胜利的必然性，增强了学员们必胜的信心，鼓舞了学员们斗争的士气。理论课讲完后，原本要进行考试，李光武与陈辉商议，日军马上要进行“大扫荡”，不如让学员们在反“扫荡”的斗争中完成一场实践考试。于是将学员们组成了青年抗日先锋队，陈辉任青年抗日先锋队总指挥，并把学员们编成 3 个分队，发给每人一件武器，有大刀、有长枪、有手榴弹，青年抗日先锋队开始与县大队并肩作战。

反“扫荡”斗争胜利结束后，青抗先以之前的 3 个分队为基础，编成了 3 个青年工作团，深入涞涿平原的 3 个区，广泛发动青年，建立各区、村的青年抗日先锋队。

第六节　日军对平西抗日根据地进行“扫荡”

1940年3月，6000多日军、3000多伪军，加上被强拉来的民夫2000多人，各种大牲畜1000余头，在50余门大炮和10余架飞机的掩护下，兵分10路对平西抗日根据地进行“扫荡”。中共冀热察区委及时向根据地军民提出了“为保卫春耕、保卫根据地而战”的动员大纲，中共涞涿县委根据区党委指示精神和“敌进我退”的战略方针，适时组织群众“坚壁清野”。

反“扫荡”斗争开始后，中共涞涿县委号召广大民众积极配合主力部队作战，广大群众纷纷走上前线，他们运送弹药、侦察敌情、护送伤员、主动参战杀敌。涞涿游击支队采取小部队偷袭、骚扰的灵活作战方法，抓紧一切有利时机对日伪军进行打击。不少村庄的群众也自发地组织起来，以镰刀、铁锹为武器，对日伪军进行袭扰。经过13天的战斗，牵制、疲惫了敌军。

5月19日，八路军一部夜间袭击了涿县西北部的3处伪军据点，俘虏伪军36人，缴获步枪35支。

1940年10月12日至11月10日，日军第二、第十五混成旅及第一一〇师团，共计1万多人，兵分10路，采取“分进合击，梳篦清剿”的战术，以斋堂和野三坡地区为重点，对平西抗日根据地进行了残酷的“大扫荡”。在“扫荡”中，日军实行“三光”政策，所到之处，焚烧房屋，抢掠财物，残杀无辜百姓，激起了根据地军民的极大愤慨。10月27日，进犯野三坡地区的日伪军占领了20余个村庄，他们将村里的房屋同时点燃，除岭南台、南庄、北龙门等几个村庄外，其他大部分村庄的房屋、粮食全部化为灰烬。日伪军在包围涞水的刘家河村时，将隐藏在这里的40余名伤病员或开膛破肚，或断肢砍头，用极其残忍的手段全部杀害。在此次“扫荡”中，涞涿县县长佟旭野被俘后牺牲。

日伪军在根据地内修筑据点，扩大“治安区”，实行“囚笼政策”，妄图隔断各抗日根据地之间的联系。此时，原本驻防在平西抗日根据地的冀热察挺进军七团已奉命开赴平北，致使平西主力部队减少，平西抗日根据地抗击日伪军的斗争更加困难。中共冀热察区委要求各县、区加强地方武装建设，以应对日伪军更加残酷的封锁“扫荡”。日军的野蛮与残暴激发了根据地军民的复仇情绪，“扫荡”刚过，就有1000多名优秀青年参军入伍。

第七节　涞涿独立营受挫

1939年，冀热察党政军机关建立后，平西抗日根据地的物资供给特别是粮食供给，成为巩固平西抗日根据地的关键。1940年夏，涿县小麦大丰收，涞涿独立营配合县、区干部深入各村各户，广泛宣传、动员、组织各界民众踊跃上交“抗日粮”“爱国粮”，并护送群众把粮食送到指定集中地点或镇江营转运站。其中，仅横岐村一季就上交小麦8万多斤，有力地支援了平西抗日根据地的建设。为此，涞涿县被平西抗日根据地的军民誉为平西抗日根据地的“小乌克兰”。

1940年夏，一架日军飞机到山区根据地进行轰炸，被八路军击落在南尚乐村村外。正在老王庄村一带执行任务的涞涿独立营战士求胜心切，急速赶到飞机击落点，不料与前来抢运飞机的日伪军遭遇。由于敌众我寡，不仅战斗失利，还暴露了涞涿独立营的实力。

9 月，日伪华北治安军的两个团移驻涿县。不久，日军大举进攻平西抗日根据地。日军采用“四面包剿，层层压缩”的战术，集中攻击涞涿独立营。在这种危急的形势下，涞涿独立营本应立即组织突围，跳出敌人的包围圈，粉碎日军的“围剿”。然而，涞涿独立营营长王德林错误地判断了形势，过高地估计了这支队伍的政治素质，提出“插枪分散，化整为零”的战术。结果，一中队在常村独立作战，准备突围进山时，副队长张庆云带领 30 多人叛变投敌。二中队在贾庄村被日军打散后，队长肖炳林带领部分战士撤进果园村，与一中队突围出来的战士们会合。县长王巍听到独立营被日军打散的消息后，立即带领涞涿县政府的工作人员赶到山外接应，并在横岐村找到了突出重围的三中队。之后又派人接回了一、二中队被打散的队伍，将他们带进山里进行休整。在进山途中，三中队队长刘新民叛变投敌。与此同时，外围武装何灿部也被日军打散，被解除了武装。日军撤退后，突围的何灿部秘书主任董一欧与中队长郭宗善带领保存下来的少量队伍，进山投奔涞涿县政府，与涞涿独立营一起在虎过庄村进行休整。

第八节 涿县军民携手袭击日伪军

1940年8月21日，涿县（路东）游击大队在副队长乔悦的带领下，配合冀中十分区第二十七团，向驻扎在平汉线上的日伪军发起进攻。县游击大队主动出击，在松林店村村南，炸毁了平汉铁路，切断了日军的运输补给线。

涿县军民配合冀中十分区第三十二、第二十七团，在“让铁路大翻身”的口号下，连续数次破袭平汉铁路松林店至固城段、涿县火车站北至良乡段。1940年9月24日，破袭平汉铁路涿县至固城段，炸毁铁路数处，炸毁机车1辆。之后又炸毁了涿县县城南部海子地的铁路桥，并一鼓作气扫除了铁路沿线的日伪据点和岗楼。

在百团大战的第三阶段，涿县军民配合八路军主力部队，对日伪军的疯狂“扫荡”进行了反击，连续打退了涞水、涿县日伪军的多次进攻，保卫了山区抗日根据地的安全。在百团大战中，涿县军民和八路军主力部队并肩作战，英勇杀敌，缴获了大批枪炮和军用物资，壮大了抗日军民的声威，给日伪军企图分割各抗日根据地的“囚笼政策”以沉重打击，钳制了日伪军的有生力量。

1940年12月，为配合涞涿军民的反“扫荡”斗争，冀中十分区第三十二团主动出击，破袭高碑店以北的平汉铁路，炸毁日军军车1列，毙伤日伪军10人，缴获军用物资一批，解救被日伪军逮捕的抗日群众20余人。此后，第三十二团对日伪军进行了连续10天的打击。他们4次破袭松林店以北的铁路，两次阻击涞水、涿县日伪军的进犯，粉碎了日伪军的“围剿”。

另有冀热察挺进军九团也曾在涿县西北部地区先后多次粉碎日伪军的合击。

第七章　日军对涿县的殖民统治

第一节　日军建立的伪政权组织

在日伪统治时期，涿县为一等县，因为从涿县境内穿过的京汉铁路是日军的运输大动脉，所以日军对涿县的殖民统治非常重视。

一、伪涿县政府的建立

1937 年 9 月 18 日，日军占领涿县县城后，开始在大街小巷烧杀抢掠，社会极端动荡。涿县商会会长李一峰出面维持社会秩序，之后日军成立了“宣抚班”，对老百姓实行奴化教育。李一峰表面上是协同“宣抚班”维持社会秩序，安定民众生活，实际上是帮助日军让民众接受奴役和侵略。两个月后，涿县治安维持会成立。

1937 年 11 月，伪涿县公署成立，先是隶属伪河北省公署、伪河北省津海道，后隶属燕京道。第一任县知事为杨开明，其实他只是个傀儡，真正掌握实权的是日籍顾问丰岸一佐美。

伪涿县公署的机构并不大，每个科室只有七八个人，下设秘书室、收发处、承审处以及一、二、三科。一科管民政、教育，科长是高琴堂；二科管财政，科长是谢齐修；三科管警务，科长是杨柏青。1938 年春，又改为民政、财政、教育 3 个科，原三科扩大改为警务局，刘兆青任局长。不久又增设了建设科、宣传科。当时县级未设立法院，所以承审处便承担司法机构的职责，承审员为赵麟洲。

1941 年，伪涿县公署改称伪涿县政府，县知事改称县长。1943 年 2 月，杨开明下台，王希宠继任。1944 年底，徐树繁接任，任职至日本投降。

1944 年，日军为了加强殖民统治，将平、津、保三角地带划出，组成第一特别行政区，脱离河北省，直属伪华北政务委员会，管辖永清、安次、固安、霸县、涿县、良乡、房山等 7 个县。永清、安次、固安、霸县为第一分区，涿县、良乡、房山为第二分区，日军妄图将这一地区变为巩固的“治安区”。

二、涿县伪新民会的建立

七七事变后，日军在沦陷区成立伪新民会，以欺骗、麻醉的手段来配合军事占领，维护其殖民统治。伪新民会表面上是以当时日本首相提出的“三原则”（即中日亲善、经济提携、共同防共）为主旨方针，可实质上就是一种政治侵略的手段。

1937 年 12 月 24 日，伪新民会中央指导部在北平成立，日军计划在各省、道、县都成立伪新民会。涿县伪新民会成立于 1938 年 2 月，称新民会涿县指导部，与伪涿县公署是平行机构，除隶属省、道外，受当地的日本驻屯军和日本宪兵队指导、支配，配合随军宣传及“安抚”等工作，是日军侵略机构中的重要组成部分。

县级伪新民会的会长由县知事兼任，所以涿县伪新民会的第一任会长是杨开明，但他只是一个挂职，实权由日本人岗野新三掌握。涿县伪新民会下设总务、宣传、组织、训练、厚生等5课。总务课负责人事、会计等事务，课长是高向宸；宣传课协助伪政权做随军宣传，课长是周维藩；组织课负责农村、商业、手工业分会、妇女会及青少年团训练等事务，课长由周维藩兼任，后改为窦箱卿；训练课负责青少年的奴化教育、军事训练等事务，课长不详；厚生课负责为日本人办理农村货款、组织信用合作社等工作，为日军掠夺中国经济服务，课长是日本人铃木道弘。

1940年4月至8月，涿县伪新民会改组，改称涿县新民会总会，下设3个科和1个训练所，每科设科长1人，训练所设主任1人，各科长及训练主任根据部长指示进行日常工作。第一科负责人事、会计、总务等事务，科长是韩长海；第二科是由以前的宣传、组织二课合并而成，负责指导各分会及青少年的训练，以及随军宣传、搜集情报、张贴标语、写街头黑板报等事务，科长是周维藩；第三科专门负责组织农村联庄会等事务。训练所虽设有所长，但实际工作均由训练所主任主持，主要负责抽调各单位的青年职员及农村部分青年灌输奴化思想，并进行军事训练，训练所下设总务、教务、训练3股。

涿县伪新民会直至日本投降时才土崩瓦解。

第二节　推行“治安强化运动”

百团大战后，日军震惊于敌后抗日军民的伟大力量，感到“对华北应有再认识”，于是急忙调华南、华中的日军回师华北，并任命冈村宁次继任华北方面军司令官。冈村宁次吸取了中国内战时期反动派“剿共”的经验，变单纯的军事进攻为“三分军事、七分政治”和政治、军事、经济、文化等方面为几位一体的“总力战”；变短期的“鲸吞式扫荡”为“堡垒主义”，步步为营，实行有计划地“蚕食”和长期地“扫荡”、反复地“清剿”；变一般的烧杀抢掠为彻底摧毁抗日根据地的“三光”政策。

从 1941 年开始，日军先后进行了 5 次“治安强化运动”。运动的基本内容是强化日伪军、日伪组织，建立日伪保甲制度，欺骗群众，离间抗日军民关系，孤立八路军，分化各阶层人民，以图各个击破，其实质是“以华制华”阴谋的更加具体化。

日军把华北占领区划分为“治安区”“准治安区”“非治安区”，对不同地区采取不同的“治安”措施。

在“治安区”内，日军实行“清乡”政策，即利用日伪在这些地区军事上的优势，强行清查户口，颁发“良民证”，建立保甲制度，实行村民“连坐法”，强制推行“大编乡”，建立一套包含村、乡、县、道等多个层次的伪政权系统，以强化其政治统治。建立新民会、兴亚会、伪商会、伪合作社、伪佛教总会等组织，对青年进行强制特务训练，对群众实行奴化教育。在军事上，有计划、有步骤地建立村、县伪自卫队、伪保安团、伪警备队，强化伪军建设。与此同时，开展所谓“自首”运动，收买叛徒，破坏共产党和八路军在该地区的地下组织，强迫群众在城市周围及铁路、公路沿线挖封锁沟，修建封锁墙和据点碉堡，以阻止八路军进入。

在“准治安区”内，日军实行“蚕食”政策，即首先对要“蚕食”的地区采取秘密的大量的政治、军事、思想的渗透，派遣大批特务、间谍前去散布谣言，挑拨离间，动摇民心，以瓦解抗日民主政权和当地党组织，造成民心涣散；然后采取突然袭击，将八路军主力部队从该地区赶走，强迫该地区的老百姓实行“大编乡”或“集家并村”，在该地区制造许多惨无人道的“人圈”和“无人区”，并强迫群众修建封锁沟、封锁墙和据点碉堡，以切断抗日根据地和游击区、八路军和群众的联系。日军企图以此种方法，逐步“蚕食”抗日根据地和游击区，从而逼迫八路军主力部队退缩到巩固区的狭小范围，并计划逐步将游击区变为敌占区。

在“非治安区”内，日军则采取“扫荡”“清剿”和“三光”政策，即对抗日根据地和巩固区采取集中优势兵力，有计划地进行长期“扫荡”和反复“清剿”，企图歼灭八路军主力部队。并在抗日根据地内实行杀光、抢光、烧光的“三光”政策，企图彻底摧毁抗日根据地军民的生存条件。

1941 年 3 月 30 日至 4 月 3 日，日军进行了第一次大规模的“治安强化运动”。日军一方面借组织文艺活动召集群众，趁机大量散发宣传品，并收买利用各种社会组织造谣欺骗，曲解中国共产党的抗日政策，破坏统一战线；另一方面积极建立日伪组织，强行推行保甲制，组建伪自卫团，建立严格的户口制度，逐村编制门牌号，发展特务组织，实行白色恐怖统治。其中心思想是建立“东亚新秩序”，具体做法为强化伪军、伪组织与保甲制度，强迫民众接受奴化教育，以及在经济上实行垄断。汉奸王揖唐对这一点曾做过3条明确而具体的说明：培养和加强区、乡、村的“自治”“自卫”力量；加强扩大民众组织；剿灭共产党和八路军。

1941年7月7日至9月7日，日军进行了第二次“治安强化运动”。此次的“治安强化运动”以对各抗日根据地实行经济封锁为主，日军一方面普遍推行保甲制，将全县编为32个乡，并强行组织各村青壮年开展军事训练；另一方面昼夜不停地搜捕小股抗日部队和地方党政干部，以加强和巩固其对占领区的统治。在此期间，日军集中华北全部伪保安警防队，在伪河北省政府成立了“强化治安运动河北省本部”，各县下设“灭共委员会”，各伪县政府设“强化治安运动奖惩委员会”。

1941年11月1日至12月25日，日军进行了第三次“治安强化运动”，除继续对抗日根据地加强军事进攻与经济封锁外，还在敌占区实行对食盐、火柴、石油、布匹等人民生活必需品的配给制，以经济手段配合政治措施，加强对敌占区人民的统治，实现其“以战养战，以华制华”的政策。

第三节 实施文化欺骗

日军千方百计地在占领区进行造谣欺骗、奴化教育、殖民文化宣传等活动。

一是在敌占区、游击区建立学校，对当地的孩子从小进行奴化教育，搞欺骗宣传，强迫学生学习日文课文，强化其殖民教育；二是大量散发各种宣传品，利用日伪办的报纸，给抗日军民写劝降信，瓦解抗日队伍，通过开展放电影、演戏剧、开娱乐会、开运动会等活动，大造殖民统治舆论；三是日伪军四处造谣欺骗，妄图动摇人民群众的抗日决心；四是将侵华战争说成是蒋介石与汪精卫的内战，进行歪曲宣传，制造混乱，愚弄群众；五是通过利用中国的传统文化，充实其奴化教育和殖民统治的内容。

涿县的文庙历史悠久，日伪统治时期，涿县文庙被 3 个日伪政府组织机构占用。日军占领涿县以后，为了推进其殖民统治，便在涿县大张旗鼓地恢复了所谓的“祭孔”活动。在每年仲春、仲秋后的第一个丁日举行，名为“春丁祭孔、秋丁祭孔”。日军妄图利用中国传统文化美化其侵略行径，利用孔子学说中有利于统治者的精神鸦片麻痹人民群众，以实现他们在涿县建立日本“王道乐土”的美梦。

第四节　日伪时期涿县教育概况

日军占领前，涿县有私立育才初级中学 1 所、乡村师范 1 所、高小 6 所，各行政村都有 1 所初小或平民学校，涿县县城有民众教育馆 1 所、图书馆 1 所。

日军占领后，涿县县城内的学校全部停课，学生的课本和图书馆的书籍因内容涉及抗日而全部被毁。1937 年 11 月，伪涿县公署成立，伪涿县公署的一科下设教育股，股长尚子扬上任后开始着手恢复小学。

最先成立的是涿县县立两等小学，地址在公益街东段路北，校长是周葆生，当年毕业的只有六年级一个班。

1938 年初，亲民至善小学成立，地址在鼓楼南大街，为“亲民至善会”创办，校长是杨文侯。

1938 年 9 月，女子小学成立，地址在文庙后院，即崇圣祠内，校长是尚子诚。

1938 年 9 月，中心小学成立，地址在学校街，校长是戴岩冰。该学校的教师主要是北京师资讲肄馆的毕业生，师资质量较优，故该小学是示范小学。

1939 年 9 月，正字会小学成立，地址在尚公街路北，办学经费由“正字会”提供，校长是万佩然。

私立清真小学是一所回民初级小学，地址在营坊街清真寺内，原来只有 1 间教室和 1 位教师，只接收回民子弟。自从汉民邓金革担任教师后，学校开始兼收汉民。涿县沦陷后，原校长离开涿县，邓金革兼任校长。1937 年底，学校恢复上课。1942 年，学校迁至慧化寺，改名慧化寺小学。

1938 年，伪临时政府教育部颁布新课本，在原课本的基础上，删除了有关抗日的内容，公民课改为修身课，还增加了《孟子》及日语的内容。

1939 年，在涿县只有比较大的行政村的学校才逐渐复课。1941 年，日伪推行保甲制，涿县全县合并成 32 个“大编乡”，有的村庄开始增设高小。大邵村、下胡良、张村、刁窝、码头、高官庄、柳河营、房树等 8 个村有完全小学。1945 年日本投降时，涿县基本上是一乡一个完全小学。

农村小学虽是“公立”，但教师的工资却非常低，加之伪币贬值，教师连最低的生活保障都得不到，即便后期改为实物工资，也只是象征性的。当时的学校多为一师一室多级复式教学，教学质量可想而知。当地老百姓在饥寒交迫之下，也只是希望孩子能略识几个字而已。

1929 年，涿县育才初级中学（后改称涿县中学）成立，七七事变后一度停办。1940 年 9 月，日伪重办涿县中学，地址在涿县文庙内。1940 年、1941 年各招初中一班，1942 年招初中两班，1944 年始招高中一班，1945 年又招高中一班。

涿县县城内还有一所私塾，地址在杨家街王家，教书先生为清末秀才王香亭。私塾教授的主要内容为《千字文》、《弟子规》、书法、珠算等，作文以《论说精华》为蓝本作八股式文章，有学生约三四十人。

1939 年，新民师范（初名师资训练班）成立，负责人是尚子诚，教师有孙彻之。该学校只招收了一班高小毕业生，培训一年后就全部到初小任教。

日军为了加强殖民统治，对学生实施奴化教育，开始在涿县县城内的初小三年级以上班级开设日语课。初期，日语教师都是日军“宣抚班”的翻译，之后随着开设日语课的学校日益增多，就由教师中精通日语的人来授课。后来，农村地区的高小也被强行开设了日语课。县立中学除每天一节日语课外，还开设了英语课，每周 4 节。

涿县中学后期增设了兴亚课本，公然歪曲历史，宣扬中日提携建设“东亚共荣圈”。

第八章　抗日根据地进入艰难时期

1941 年，抗日战争进入战略相持阶段，日军对华北抗日根据地进一步加紧了“蚕食”和封锁。冀中平原位于华北中心地带，战略意义重大，日军曾多次强调“欲确保华北必确保冀中”，因此日军也进一步加强了对冀中地区频繁的分割和“扫荡”。

第一节　日军全面封锁抗日根据地

日军在采取“总力战”侵略方针的前提下，对抗日根据地又实行了诱降、封锁、经济掠夺等多种侵略政策，这些侵略政策使抗日根据地敌我双方的斗争日趋尖锐、复杂。

一、挖沟壕分割包围根据地

日军为摧毁平西抗日根据地，实行了分割政策，强化原有点线，增设新的据点和新的交通路线。平西南部，打通了涞易的交通路线；

平西东南部，在平汉线两侧挖深沟，沿线加筑据点；平西北部，沿永定河修筑同塘铁路，加强平绥路、平古路的守备，以此隔断平西地区与北岳区、冀中十分区、平北区、冀东地区的联系。

从 1941 年 6 月开始，日军在其统治区内强征大量的人力、物力、财力，在平西抗日根据地的房涞涿山区与平原的交界处实行了全面封锁。在平汉铁路以西与拒马河之间的地区，分段修筑封锁壕、封锁沟及碉堡，在平西抗日根据地北面的斋堂村也修筑了公路、碉堡，对平西抗日根据地形成了交错的两道封锁线。

日军修筑了从高碑店至松林店的封锁沟，在平汉铁路两旁挖壕沟，在沟内放水，又在平汉铁路两侧筑起高墙，妄图切断平西抗日根据地与平汉铁路以东的联系。日军还修筑了从涿县至涞水县的封锁壕，封锁壕从涿县起，经展台、高碑店北、岐沟，直至涞水，一直挖到了孙家坟以西，进入易县境内，将涞水县的山区与平原隔离开。

日军在昌宛房及房涞涿根据地的边缘地带设立了封锁卡和封锁线，北起宛平的杜家庄、东斋堂、西斋堂、吕家村，到房山的大安山、长操、南窖、红煤场、坨里，再到房山的周口店、孤山口、下庄、张坊、塔照，最后到涞水的满金峪、石亭。这些据点连接成一条半圆形的封锁线，对平西抗日根据地实行了全面的军事封锁。

日军几乎征调了统治区内的所有民力、物力来修建封锁线，分段构筑，限期完工，费用由各村摊派。每个村除妇女外，凡 12 岁至 70 岁的男子都被抓来挖“惠民壕”，百姓则称其为“毁民壕”。封锁壕一般宽 5 米，深 6 米，沿途每隔 1.5 至 2.5 公里修建一座岗楼，除重要岗楼由日军驻守外，大都由伪军驻守。被抓去挖壕的人，少则两个月，多则七八个月不让回家。庄稼该收了，也没人去收，冬天雪冻冰封也不许停工，稍有怠慢，轻则遭骂，重则挨打，全部封锁壕历时两年多才完工。

二、经济封锁与掠夺

日军制定了《对敌经济封锁要领》，特别是针对平西不同的区域，采取了不同的经济进攻策略。

在游击区，日军强行征收地畜金、地粮款、门户费、大乡杂费等款项，并将从老百姓那里抢夺的物资放入据点，防止被八路军劫走。与此同时，日军还四处抓捕村民为他们建据点、挖壕沟、修公路。

日军对抗日根据地则实行野蛮的“三光”政策，对老百姓进行大肆抢夺，将村里的房屋全部烧毁，妄图将抗日根据地彻底摧毁。

日军对靠近抗日根据地的村庄实行严密的日用物资封锁，将日常生活用品严格按户、按人头配给，严禁日常生活用品流入抗日根据地。日军还大肆宣传“八路军无粮自散”，绝对禁止粮食流入抗日根据地。

日军为了残害中国人的精神和身体，同时掠夺老百姓的钱财，开始强迫各村种植罂粟，并在涿县县城内开设土膏店，引诱中国人吸食鸦片，企图让更多中国人丧失抵抗力，通过鸦片买卖获取暴利。在占领区，日军开设赌场、妓院，败坏民风民俗，腐蚀中国人的灵魂。

自 1941 年 10 月起，日军在占领区普遍实行了严格的经济统治制度，强制实行物资配给、封仓验囤、计口授粮等措施。日军一方面加强对平西抗日根据地的封锁，一方面加紧压榨掠夺占领区人民的钱财。日军还建立了谷物集结所、农事合作社、大麻收卖所、食盐事务所、煤油配给所等机构，严格控制生产贸易和生活必需物资。

日军还控制了进出平西地区的主要路线，使得平西抗日根据地的出口税、入口税大减，抗日民主政府在财政上受到很大损失。

三、伪政权为虎作伥

平西地区的各伪县政府根据日军的《对敌经济封锁要领》，先后制定了本县的行动策略。各县的伪警察联合行动，除各伪警察分所编成谍报班，负责刺探抗日军事情报外，还组成了以县长为班长（队长）的经济封锁督察班（队），沿根据地边缘地带设立封锁卡和封锁线，对抗日根据地实行全面封锁。

日军将各类物资分成三大类：第一类为武器、弹药等军用物资，绝对禁止流入抗日根据地；第二类为金属建筑材料，如印刷机和其他各种机械，须经县长以上行政长官批准，发给许可证方可流通；第三类为纪念品、皮革制品、棉麻制品及生活日用品，严格规定携带数量，只限于一人徒手携带，同时还须县长以上行政长官的许可。若是携带粮食、牲畜则必须到伪警察所提出申请，经伪涿县公署批准后，方可进行搬运。除此之外，一切货物的运输还必须在指定的良（乡）官（道）路、琉（璃河）码（头）路、琉（璃河）涿（县）路、交（道）宛（平）路等6条道路上通行，否则以偷运罪论处。

伪政权还在交通线上的重点村设立检查所，防止禁运物资外流，并在各重要公路上设立流动检查班，每日轮流检查，他们是日军封锁平西抗日根据地的主要帮凶。

第二节　平西抗日根据地面临极端困难

日军严密的经济封锁，造成平西抗日根据地的生活物资极度匮乏。加之不定期的“扫荡”和“治安强化运动”，使老百姓的抗日情绪接连受到打击。再加上严重的旱灾，平西抗日根据地进入了极端困难的时期。

一、平西抗日根据地面积缩小

1940 年秋，斋堂一带被日伪占领，从房涞涿县根据地边缘地区的涞水县石亭到房山县的周口店，仅 30 多公里的地段上，就建有石亭、塔照、张坊、下庄、半壁店、天开、孤山口、娄子水、周口店等 10 多个据点。平西抗日根据地的面积不断缩小并被分割，有些根据地变为了游击区，有些游击区或根据地则彻底变为了敌占区。

房涞涿县根据地内的村庄由 300 多个锐减到 20 多个，三区的张坊一带更是由游击区变为了敌占区，当时巩固区只有二区至十渡一带。在最紧张的时期，三区干部不得不到二区借住，三区干部有的被捕，有的牺牲，有的动摇回了家，坚持抗日的只剩下骨干力量。

日军的“扫荡”和经济封锁，严重影响了抗日根据地的士气。一是面对日伪军的烧杀抢掠，群众的畏难情绪增加，加上过重的负担及在扩军动员中有强迫命令的现象，引起了人民群众的恐慌与不满，汉奸投降分子趁机活动，使群众的逃亡、畏敌情绪滋长；二是日军对抗日根据地的经济与生产的破坏，致使广大人民群众的生活异常艰难；

三是党内、政权与群众团体中存在官僚主义家长制的作风，出现了脱离群众的现象，使得有些群众想要离开抗日民主政权，同时党内某些干部未能随着形势变化而及时转变或创新工作方式。

二、平西抗日根据地的物资、粮食严重匮乏

平西地区以山区为主，1940 年前后人口仅为 20 万，所产粮食除供给本地居民外，一般还能保证 6000 人的粮食供给，但实际负担的仅八路军及抗日民主政权方面的人员就达到 1.1 万余人，其余生活必需品则需要从别的地区运来。

在此情况下，1940 年 8 月 1 日，中共晋察冀分局和军区决定，为解决平西地区的给养问题，将冀中十分区划归中共冀热察区委和冀热察挺进军领导。虽然冀中十分区物产丰富，但该区地处平津两大城市之间，对日军威胁很大，因此从 1939 年开始，日军便对冀中十分区开始了频繁的“扫荡”和“蚕食”。冀中十分区被划归平西领导时，已开始逐步由根据地变为游击区，冀中十分区的 3 个主力团和地区部队中，经常有 1 个团或群众团体的部分机关人员被迫转移到平西抗日根据地东南的拒马河地区进行培训和休整。

日军频繁的军事“扫荡”、严密的经济封锁以及 5 次“治安强化运动”，再加上 1941 年的严重旱灾，给平西抗日根据地工作的开展造成了极大阻力。1941 年 8 月 13 日，萧克、马辉之、张明远在致电中共中央北方分局时指出：“现每日收的粮食只供前线部队都不足，后方机关粮食无法供给。突然又接到帅荣来电，二十七团及分区直属队共 2200 多人将来木井一带，粮食要由八路军负责。原十分区后方尚

有 350 人，连平西每月需要小米 2000 石，到秋收还有两个月，整个平西尚须粮食 4000 石小米。在平西抗日根据地内无法可想了，即使熬到秋收，但以后仍难解决。此问题应如何解决颇值得考虑。”

进入 1941 年，平西抗日根据地最大的困难是没有粮食和食盐。当地群众只能吃些树叶、野菜，县、区机关没有食堂，干部都到群众家吃“派饭”，也只是喝些野菜粥，根本吃不饱。部队规定，前线战士每天给 5 两（当时 16 两为一斤）黑豆作为口粮，还要求每天节约 1 两支援地方群众。部队的伙食单位不准到村边、河边采摘杨树叶、榆树叶，不得与民争食。晋察冀军区有训令，军分区部队有通知，司务员贪污 5 斤以上粮食的就要枪毙。

虽然平西抗日根据地的物资、粮食严重匮乏，但是房涞涿县的抗日军民没有被困难吓倒，在中国共产党的领导下，经过不懈的努力，终于渡过了难关。

三、平西抗日根据地负担过重

为减轻根据地的负担，党中央、边区政府规定：根据地的脱离生产人口不能超过根据地居民总人口的 3%；人民负担不能超过国民总收入的 10%，累进最高负担额不能超过收入的 30%；负担面应达到居民总人口的 80%。按照上述规定，平西抗日根据地只能负担脱离生产人员 6000 人，而当时实际脱离生产的有 1.1 万余人，占全人口的 5%。在比较巩固的地区，部队、机关及工作人员来往不断，后勤保障机关要组织保障供给，卫生机关常有伤病员需要运送。特别是十渡地区，不但常有平西地区的部队、机关驻守，还有冀中十分区的部队、机关来驻守，涞涿县政府、房涞涿县政府等抗日民主政府也主要驻守在十渡地区。所以，平西抗日根据地的人民群众要负担大量的抗战勤务。

平西大部分地区人民的负担超过当地国民总收入的10%，个别村庄甚至达到30%。抗战勤务的负担更是繁重，有的村庄平均每人每月做抗战勤务工作的时间在10天以上。由于根据地面临的实际困难，以及扩军征粮与群众利益发生冲突，汤家庄村的隗有贵、董锦明等人用煽动欺骗和威逼利诱等手段，组织涞涿县30多个村庄不明真相的群众和落后群众，1942年12月偷袭了驻汤家庄村的涞水县政府机关，绑架了工作人员30余人，其中13人牺牲，1人失踪，县政府遭到严重破坏，此次事件被称为“三区叛乱”或“平西事变”。

第三节　积极应对根据地的困难

面对平西地区抗战的新情况，特别是面对日军的封锁与“围剿”，中共冀热察区委和平西各级党政军领导召开了一系列会议，确立了平西抗日根据地的工作路线，明确了斗争的方针策略，统一了平西地区广大军民的思想认识。

一、平西区县委书记联席会议

1941年2月，中共冀热察区委召开了平西区县委书记联席会议。会议从9个方面严格检查了各级组织在领导和执行政策上的严重不足；从7个方面指出了扩军工作中存在的错误，并明确了应进一步做好的几项工作；从7个方面强调了游击队建设。

会议还强调了如何改进与群众的关系：一是主力部队与地方武装要积极活动；二是从各方面深入检查一般工作；三是对于在扩军工作中所引起的群众的恐慌与不满进行说服解释；四是坚持公粮与运输制度，减轻群众的勤务负担；五是实施统一累进税，改善富户负担过重的现状；六是严格建立概算制度，要坚决肃清“赔官价”“派慰劳”；七是未实行减租减息、合理负担的村落，仍应发动群众积极推进此项工作；八是主力部队与地方武装要全力帮助抗属及劳动力缺乏者春耕；九是各后方机关与驻防部队要帮助群众挖窑洞、修房子，救济贫困者，组织慰问；十是严格部队和游击队的纪律；十一是坚决开展反官僚主义运动。

会议还明确了党的建设任务：一是建立严格的检查制度，开展党内民主与自我批评；二是开展反官僚主义家长制的斗争；三是提高党纪，随时检查对决议的执行情况，对于不执行决议的、违反纪律的，必须及时开展批评与斗争，决不能纵容姑息；四是切实认真地开展党内的保卫工作；五是重新建立中共平西地委。

这次会议是平西地区发生系列事变后的一次重要会议。会议统一了全区干部党员的思想认识，明确了近期的工作任务，坚定了巩固发展平西抗日根据地的信心和决心。

二、中共冀热察区委高级干部会议

1941年5月，中共冀热察区委召开了高级干部会议。会议对“平西事变”后的各项工作进行了深刻的总结，分析了当前的敌我斗争形势，确定了冀热察各个地区，特别是平西地区的工作方针。会上，中共冀热察区委书记马辉之做了关于平西工作问题的报告，报告中首先分析了平西人民经济负担过重的问题。会议指出，平西地方工作中出现的问题，其客观原因是供不应求，其他原因还包括平西地区的部队、机关、民众之间存在着不团结现象。针对相关问题，会议提出了6种解决办法。会议还提出，要建立广大的、巩固的、群众性的党，并就此提出了具体要求：一是坚决执行党的政策；二是从思想上、政治上、组织上巩固党，尤其是组织上的巩固；三是组织上已做过巩固工作的区和支部要在各种斗争中积极慎重地发展。

姚依林在关于各种政策的报告中，主要结合平西地区的实际，分别讲了土地政策、劳动政策、统一累进税、贸易政策等内容。在大会结论报告中，马辉之主要回答了关于保障人权、抗战勤务、粮食、编制、武装政策、土地政策、财政贸易、对日伪组织的政策、党报、建党等相关问题。

这次会议是继平西区县委书记联席会议后的又一次重要会议。会议进一步统一了思想，明确了工作任务，为平西抗日根据地度过困难时期奠定了思想基础。

三、计鹿会议

1941年11月初，中共平西地委扩大会议在计鹿村的席棚里胜利召开。会上，中共平西地委书记李德仲做了报告。报告对1941年6月开始的从组织上巩固党的工作进行了全面回顾，包括支部的整理与干部、党员的审查鉴定工作；提出并明确了要继续在组织上、思想上、政治上巩固党，并具体说明了要怎样做；阐述了党的领导，重点明确了党对政策的制定、党对各项工作的领导。报告中还强调：日军在“总力战”的方针下，在政治、军事、经济、文化等各个方面向抗日根据地发起进攻，对抗日根据地实行“囚笼政策”，并有计划地进行“治安强化运动”。针对日军的这些措施，八路军必须采取针锋相对的斗争。党政军民要团结一心，步调一致，在已有的基础上继续向外突围，开辟工作，深入敌占区，找出日军的弱点与空隙，进行有效的打击；要采取机动灵活的战略战术，充分发挥游击战的效能与威力，积极开展“外线”活动，破坏日军的交通、重要工业和军事设施；开展政治攻势，分化瓦解日伪军。党组织也要积极开展“外线”工作，摧毁伪政权，打破日军的经济封锁，戳穿日军的政治欺骗，依靠群众，战胜敌人，打开局面。

会议结束后，参会人员利用两天时间对李德仲的报告进行了分组讨论。通过集中大家的意见，总结出了3个中心议题，即要巩固发展平西抗日根据地，就必须打出去，必须要深入敌占区，建立“两面政权”，同时拔掉根据地的日伪据点；要继续贯彻中共冀热察区委高级干部会议的会议精神，只有抓好整党审干、精兵简政、调整干部、主力部队分散活动和加强地方武装等各项工作，才能在组织上保障上述方针的实施；要有计划地进行日军“扫荡”后的善后工作。

在总结大会上，李德仲做了进一步的总结。平西地区是北平的门户，日军为了北平的安全，千方百计地想要扼杀平西抗日根据地。这样一个具有极其重要战略意义的地区，共产党八路军决不能让日军轻易占领，要闯出一条积极的、主动的、有效的斗争路子。会议决定，为打开平西地区的工作局面，必须加强3个重点地区的工作：一是通往北平的咽喉要道宛平县；二是号称“米粮仓”的蔚县、涿鹿、怀来地区；三是房涞涿平原地区。

第四节　加强地方政权建设

随着日军对平西抗日根据地的封锁、“扫荡”、“蚕食”和分割，抗日根据地进入极端困难时期。中共冀热察区委、中共冀中区委积极适应抗日战争的新变化，大力加强县、区抗日民主政权建设，带领抗日军民坚持抗日游击战争。

一、涿县（路东）的艰苦环境

1941年1月，中共冀中十地委将中共涿县（路东）县委书记樊干和县长张仲伦及高松涛、李润华等主要领导调往定兴县工作，并调定兴县佐杨铁担任涿县（路东）县长。

杨铁在极端艰难的情况下，先是以卖豆腐做掩护，走村串乡，联络和恢复抗日力量。后来又以贩卖小猪做掩护，深入城镇地区，探听日伪情报。由于斗争环境异常恶劣，杨铁在食不果腹的情况下，坚持斗争一个多月后，才被迫离开涿县。撤离时，杨铁经过涿县南关，用一件褂子换了一碗面茶。即使在这样困难的情况下，这位农民县长肩头褡裢里的抗日文件一份也没有丢，缠在腰间的县政府抗日经费一分钱也没有少。之后，杨铁经张坊，走拒马河谷进入山区，长途跋涉100多公里到阜平县向中共党组织汇报工作。

二、建立一联县、二联县、二联区

抗日战争进入相持阶段，日军根据其制订的“治安肃正计划”，进一步制定了“冀中北部作战”方案，对冀中十分区进行“铁壁合围”。为了粉碎日伪军的疯狂“扫荡”，保存抗日力量，中共冀中各级党组织带领抗日军民进行了艰苦卓绝的敌后抗日战争。

1941 年 9 月，中共冀中十地委书记马载、十分区司令员朱占奎、十分区政委帅荣、地委常委杨英、组织部副部长赵雨浓等人突围出来，在白洋淀举行了会议。会上，根据上级指示，决定将全区划分为 3 个联合县。拟以泗庄、小庄公路为界，西延伸至高碑店，东延伸至霸县县城。路南的容城、雄县的全部以及定兴、新城、霸县的各一部分为一联县，路北的新城、固安、霸县、涿县的各一部分为二联县。

1941 年 10 月，第一联合县在容城县陈杨庄村成立，最初名称为容定新雄霸联合县。1942 年 5 月，调整为容定新雄涿联合县。

1941 年 9 月，中共霸县县委书记苏玉振到白洋淀地区向中共冀中十地委汇报工作时，地委书记马载向苏玉振传达了中共冀中十地委关于划分联合县的决定，委任苏玉振为第二联合县县委书记。10 月，苏玉振回到固安与霸县交界地区，在后狄庄村召开县、区干部会议，传达了中共冀中十地委的决定，宣布建立第二联合县，全称为涿固新雄霸联合县。县长为尚锋，组织部部长路光，宣传部部长彭涛，秘书李中西，公安局局长朱干，教育科科长平秉权，财政科科长李仲伦，县大队队长杨志荣，县大队政委张馨，县大队副队长乔悦。涿县境内的高官庄、豆庄、柳河营、义和庄等地都属于第二联合县的辖区。

1941年9月，中共冀中十地委根据对敌斗争形势的需要，撤销了宛平县，将其区域划为三联县二联区。由于斗争形势日趋恶化，为保存抗日力量，二联区的区级干部全部转移到永定河以南，未转移人员分散隐蔽在堡垒户家中，继续坚持地区斗争。

三、组建房涞涿县

1941年6月，日伪军2万多人在冈村宁次的亲自指挥下，封锁了大清河与公路交通线，进行拉网式的“大扫荡”，实行“铁壁合围”“剔块清剿”，使大清河北岸的抗日根据地遭到严重破坏。冀中十分区主力部队转移到平汉铁路以西进行整训，冀中十分区和中共冀中十地委机关则从大清河北岸撤到白洋淀一带坚持斗争。为了粉碎日伪军的分割、包围、封锁、禁运，同时为了解决粮食和物资的供给问题，根据中共冀热察区委的指示，涞涿县与房良县合并，组成房涞涿县。

1941年6月14日，中共房涞涿县委员会、房涞涿县抗日民主政府在涞水县悟空寺成立。杨流萤（杨纪之）任中共房涞涿县委书记，王伍、赵然任副书记，吕达任组织部部长，周一任宣传部部长，王玉忠任县委秘书。王天瑞任房涞涿县抗日民主政府县长，孟兆春任政府秘书兼民政科科长，阎塘任财政科科长，董一欧任实业科科长，聂品任教育科科长，张一川任司法科科长，王法西任公安局局长，郝一鸣任贸易局局长。赵然任县参议会议长，周硕臣、邵荣轩任副议长。孙庆丰任房涞涿县游击支队队长，王伍任政委，肖炳林任副队长。鲁平任人民抗日武装委员会主任，李德山任农民抗日救国会主任，李光武任青年抗日救国会主任，白岩任妇女抗日救国会主任，戈枫任文化界抗日救国会主任。

房涞涿县下设 9 个区。第一区辖沈家庵、龙安、虎过庄一带的村庄；第二区辖千河口、十渡、平峪一带的村庄；第三区辖娄村、石亭、赤土一带的村庄；第四区辖孙庄、岐沟、西庄头、北马、碑资、松林店一带的村庄；第五区辖韩村、房树、苍牛屯一带的村庄；第六区辖四洛平一带的村庄；第七区辖张坊、南尚乐、镇江营一带的村庄；第八区辖天开、孤山口、圣水峪、向阳、保安庄、洋合庄、张村、东仙坡、下胡良一带的村庄；第九区辖蒲洼、南窖、芦子水一带的村庄。

房涞涿县成立后，使得抗日力量更加壮大，同时直接扼住了华北日军的咽喉，威胁着平汉铁路运输线，并且一次次粉碎了日伪军的“扫荡”。

在敌后抗战的极度困难时期，中共房涞涿县地方党组织努力领导抗日军民进行艰苦的反“扫荡”斗争，与日伪军的残酷“清剿”进行了殊死较量，最终成功保存了抗日力量。

第五节　加强抗日武装建设

粉碎日军的封锁，广泛开展群众游击战争，是坚守巩固抗日根据地的关键，而这一切工作的基础，便是加强抗日武装建设。扩大县游击队、建立区游击队是武装工作的重要环节。党领导的地方抗日武装的建立，是中共地方党组织开展武装斗争的中心任务。

一、涞涿基干大队惩治伪军

1940 年末至 1941 年初，中共涞涿县委在涞水县虎过庄村将独立营和郭宗善带来的队伍进行合编，成立了涞涿基干大队。孙庆丰任队长，肖炳林任副队长，县委副书记王伍兼任大队政委。涞涿基干大队下设一中队、二大队、三中队，其中二大队由郭宗善带来的十几名战士组成，郭宗善任队长。每个中队的人数不固定，少的时候 8 至 10 人，多的时候 30 至 50 人，大队总人数在 100 人左右。涞涿基干大队组建后，部队士气高涨，积极要求参战。1941 年春，中共涞涿县委进一步加强了涞涿基干大队的建设，队伍逐渐发展壮大起来。

1941 年 2 月，中共平西地委派黄叶（黄秋萍）任中共涞涿县委书记，卜庸为涞涿县抗日民主政府县长，二人开始着手恢复被日伪军破坏的房涞涿根据地。四区区委书记芮敏回到孙庄、岐沟一带，恢复四区工作；五区区长高文元回到宋营、东城坊一带，恢复五区工作；董一欧到展台村一带的村庄恢复组织关系，开辟七区，并重新建立各种群众抗日组织。

涞涿基干大队在队长孙庆丰和副队长肖炳林的带领下，深入敌占区，夜摸岗楼，惩治汉奸，将涿县伪警备队队长万鹏飞诱杀于永和庄村外的砖窑里。不仅对日伪军产生了极大的震慑，还对日伪统治下的人民群众起到了鼓舞作用。

涿县伪特务队的驻地在北关娘娘庙，伪特务队队长王兰亭是房山县长沟峪村人，曾在国民党第二十六路军任营长。1938 年 7 月，他脱离国民党军队，投奔八路军邓华部，任游击大队队长。1940 年，王兰亭带领40余人武装投敌。投敌后，王兰亭为显功邀宠，用极其残忍的手段迫害抗日干部和无辜百姓，至少有20余人被他亲手杀害。1941年3月中旬，侦察员送来情报，王兰亭准备了10桌酒菜，要与部下聚餐。涞涿基干大队政委王伍和副队长肖炳林带领一中队、三中队共百余人，连夜急行军40多公里，包围了北关娘娘庙。战士杨希荣迅速地解决了庙门前的岗哨，并顺着围墙爬上了房顶。肖炳林率领队伍冲进了院内，王伍则从庙后翻墙跳了进去。伪特务队见八路军从天而降，顿时乱作一团，纷纷跪地求饶。涞涿基干大队一枪未放，就活捉了70多个特务。王兰亭听到动静后，悄悄躲进了供桌下面的藏身洞内，没有被抓获。北关娘娘庙的战斗，缴获长短枪百余支，极大地鼓舞了抗日军民的战斗士气。

在敌后抗日游击战的开展过程中，人民武装力量得到了迅速壮大。经过整训，不仅加强了党对军队的绝对领导，还提高了部队的政治素质和作战能力。

二、房涞涿游击支队的建设

中共房涞涿县委根据中共平西地委的要求，加强了对游击支队和各抗日武装的党组织建设，加强了党组织的领导。主要从以下5个方面做出了明确的规定。

一是定期讨论与检查游击支队的工作。游击支队队长与政委定期向县委做报告。县委武装部部长、县委书记多给指战员讲话、多给干部上课，提高党员与干部的党性；多出席游击支队党组织的各种重要会议，了解支队内实际情况；多随游击支队一起行动。

二是县委对游击支队的纪律、与群众的关系，以及对党的各种政策的执行情况进行严格检查。对游击支队违反政策或纪律的行为，总队由地委负绝对责任，大队由县委负绝对责任，同时要求县委积极学习游击战争的战略、战术。

三是在游击支队建设支部，真正发挥堡垒作用。游击支队支部的中心工作是加强对干部与一般党员的教育，特别是党性基本教育与政策教育。

四是加强党员干部与一般党员的组织生活，定期召开小组会、支委会、支部大会。建立支部的各种工作制度，游击支队发展党员须经县委批准，总队部直接领导的由地委批准。

五是丰富党内的教育材料。以支部工作、党员须知、党的决议等内容为主，加强对游击支队的党性教育。

中共房涞涿县委高度重视游击支队的思想政治工作，具体从 5 个方面做了部署。建立了各种政治工作制度，包括每日一次政治课，每周一次政治工作会议。建立流动救亡室，定期召开军人大会、组织晚会等；加强游击支队纪律建设，发挥民运工作优势。游击支队要经常分散独立活动或掩护地方工作，保持良好纪律与加强民运工作尤为重要。在支部民运委员的领导下，把优秀党员与战士组成“民运组”，担任对所到之处群众的宣传组织工作；到敌占区活动，负责开辟地方工作。做好策反日伪工作，加强纪律检查；明确游击支队学习的政治教材，包括目前的形势与任务、连队的各种组织与工作、三大纪律与八项注意、游击支队的任务、锄奸工作、抗日战士读本、各种纪律条令、政府的重要法令等，积极组织官兵学习；活跃游击支队的各种文化娱乐活动，如唱歌、游戏等；结合游击支队流动性大、战斗时间多的特点，抓紧时间并利用各种机会开展政治工作。

中共房涞涿县委非常重视游击支队的管理，建立了查铺、查哨、班务会、排务会、队务会、值日值班、武器弹药检查、出外请假等制度，同时还加强了军事训练，并且提倡说服教育，绝对禁止打骂，还有坚决执行总部的纪律条例。

房涞涿县建立后，全县党政军民的一项重要任务是征集粮食、药品和食盐等物资。县游击支队积极配合县政府到日伪统治的平原地区，发动民兵，征集粮食，购买药品，再从敌占区把征集到的粮食、药品、食盐等物资运送到山区根据地。当时，县游击支队经常越过平汉铁路到冀中十分区运粮，战士们为了解决装粮用具不足的问题，经常把裤子脱下来，扎紧裤脚口，装满粮食后再搭在脖子上，忍着饥饿连夜穿过平汉铁路，往返百余里路，把粮食运送到山里去。许多被伪军抓去把守封锁沟、封锁墙和路口的老百姓，看到八路军战士们这样坚强勇敢、纪律严明，就明里为日军站岗，暗里为游击支队指路放哨，帮助战士们运送物资。

第六节　加强对日伪军的斗争

中共涿县地方党组织在领导抗日军民进行反“扫荡”斗争，开展游击战，消灭日伪军有生力量的同时，还积极地开展了敌工工作，建立敌工组织，深入伪军内部，对伪军进行分化瓦解，积极争取伪军中可以争取的力量，孤立并打击那些死心塌地为日军卖命的汉奸。

一、李春芳起义

1941年6月，在日军加紧准备对平西抗日根据地进行拉网式“大扫荡”的时候，驻扎在涿县县城西南岐沟村的伪警备中队，在队长李春芳的带领下宣布起义，奔向平西抗日根据地，加入了全民抗战的革命阵营。

李春芳是辽宁海城县（今海城市）人。13岁时，他到县城里的一家商号当学徒。九一八事变后，日军在东北地区建立伪满洲政权，李春芳作为中国人，虽有爱国之志，但难寻报国之门，为了生存，不得不当上了伪满洲国的警察。他专心习武，参与过武装警察的正规训练，具备一定的军事素质。七七事变后，李春芳辞掉了伪警察署警尉主任的职务，只身入关。他先是来到了北平，1939年5月来到涿县，利用一名旧同事的关系，进入城东屈家街伪警备第二中队，当上了准尉司务长。

由于司务长负责生活后勤，经常要与社会各界来往，李春芳很快就结识了八路军情报员——城东大庄村的戴忠成。后经戴忠成介绍，李春芳与冀热察挺进军十一支队的联络员石金山取得了联系。之后冀热察挺进军十一支队司令员邓华曾亲笔写信给李春芳，要他“搜集情报，争取伪军”。

伪警备第二中队队长景焕然，文职出身，对部下管理无方，警员无组织、无纪律，纯属乌合之众。李春芳建议景焕然整顿纪律，加强训练，景焕然同意，并指定由他负责。不久，伪警备大队队长万鹏飞来视察，发现李春芳是个人才，当即提升他为少尉分队长。自此，在涿县伪警备队伍中，李春芳名声大震。

1939 年 10 月，日本驻军决定用两个月时间对涿县伪警备大队分 3 批进行轮流训练，并派专人担任指导。伪警备大队决定，由李春芳充当教官，并晋升李春芳为一中队中尉中队副。伪警备大队训练结束后，受到了日军和伪县长、伪警察局局长等人的肯定。

1940 年 6 月，伪华北治安总署令华北各县伪警备队选送一名中队长或大队长到北平接受 3 个月的军事训练。当时涿县伪警备大队队长由伪县长杨开明兼任，副队长是王旭东。王旭东有鸦片瘾，另外 3 个中队长都喜欢吃喝嫖赌，没有一个愿意去受训的。大家便推荐李春芳去，可李春芳级别不够，于是晋升李春芳为上尉中队长。

1940 年 10 月，日伪军为了与抗日根据地的军民秋收抢粮，对涞涿县进行“大扫荡”。返程途中，包围了驻岐沟村的地方武装——何灿联庄会，并将其缴械。何灿是个“白皮红心”的人，明为亲日的地方武装，暗地里与八路军联合抗日。日军早已知道了他的两面性，于是对联庄会武装采取了猝不及防的致命打击。

岐沟古城位于涞涿古道上，战略地位极为重要，它不仅是涿县与涞水县城之间的中转站，更是平西抗日军民与日伪军争夺的要冲。

解决了何灿部以后，日军命令涿县伪警备大队派 1 个中队前往岐沟村驻防。3 个中队长没有一个愿意移防岐沟村的，因为那里远离县城，地处偏远，还与八路军根据地接壤，既怕被袭击，又不敢轻易去附近村庄搜刮民财，只能孤守据点，最后这个苦差事就落到了李春芳的头上。

李春芳为能够独立带领一个中队而心中暗喜，他趁机要求提升中队的实力。先是从3个中队里各抽出了一个分队，后又添置2挺机枪、2门山炮，很快，他的中队便组建了起来。

1940年11月初，李春芳带队离开了涿县县城，前往岐沟村接防。途经松林店村，平西军分区敌工部情报员张国栋，以松林店“乡绅”的身份设宴款待伪警备队的官兵。夜深人静时，张国栋安排了李春芳与平西军分区敌工部干事赵雨时会面。会面结束时，李春芳告诉赵雨时：他有个同乡在北平，名叫裴聚武，请赵雨时自拟一封裴聚武的介绍信件，等到第二天下午，前往岐沟据点“投亲”。

第二天下午，平西军分区敌工部干事赵雨时、孙毅二人，身着长衫，手提礼物，来到据点“投亲”。李春芳将赵雨时安插在中队部，换上了伪警备队的军装，戴上了“涿县警备队联络员”的臂章。将孙毅派到新组建的分队当“伪军”，负责掌握警员们的思想动态。县城里的日伪军指挥官万万没有料到，李春芳刚到岐沟村，岐沟据点就变成了八路军的秘密联络站。赵雨时以伪警备中队队员的身份，自由进出北平、天津等地，秘密执行护送文件、传达上级指示、购买军用物资等任务。

1940年冬至1941年夏，岐沟据点一直是平西与冀中，平西与北平、天津秘密联络的交通站，也是大批物资进入抗日根据地的转运站。李春芳的到来，受到了涞涿县的高度关注，县政府秘书郑福顺是岐沟村人，他利用各种人际关系，千方百计地接近李春芳，和他拉关系、套近乎。为了不引起日伪军的警觉，郑福顺以给李春芳的副官马庆恩说媳妇为名，经常请李春芳和他身边的人吃喝，借机暗通款曲，为促成李春芳起义做了大量工作。

岐沟据点内外的秘密活动，以及李春芳的诸多举动，都相继传到了涿县县城内。伪县长杨开明对李春芳不请客、不送礼的行为早就心怀不满，再加上此次关于他勾结八路军的传言，心中更为恼火。于是计划派他的一个亲信，以增兵岐沟村，对付八路军为由，到岐沟据点监视李春芳的行动。李春芳得到情报后，起义的念头油然而生。他找来赵雨时、孙毅二人，一起分析形势，认为起义已到了关键时刻，应尽快把队伍拉到山区根据地去，事缓恐变。3 人当即议定，赵雨时连夜返回平西军分区敌工部汇报，请求军分区首长安排接应。第二天下午，赵雨时回到岐沟据点，他告诉李春芳，首长同意现在起义，并说后天下午，军分区首长将派人来商定具体行动方案。

冀热察挺进军司令员萧克对李春芳的起义非常重视，派七团政委李致远负责具体工作。按照预定时间，李致远和敌工部的江石之科长来到岐沟村，在村北的古墓群中与李春芳接了头，3 人商定了具体的行动方案。

第二天，冀热察挺进军七团作战参谋仇凌云带领几名连、排干部化装成商人，自称是李春芳北平来的朋友。李春芳将众人迎接到据点，像故友重逢一样热情款待。晚饭后，仇凌云对李春芳详细说明了起义的计划。李春芳当即将赵雨时、孙毅、秦怀、吴太昌、汪忠阁、张华等骨干分子找来，部署了具体工作。当晚 23 时 30 分，冀热察挺进军七团突击排准时赶到岐沟据点，李春芳命令伪军全部缴械投降，伪军班长郝崇武拒不交枪，企图反抗，被七团战士一枪打中胳膊。之后部队顺利撤出岐沟据点。

1941 年 6 月 1 日凌晨 1 时 30 分，李春芳完成起义后，安排赵雨时、孙毅、秦怀等3人负责善后。冀热察挺进军七团突击排和起义的队伍刚刚向西进发没多远，赵雨时等人便点燃了炮楼，将岐沟据点付之一炬。

队伍进入平西抗日根据地后，天已大亮。李春芳命令众人原地休息，并宣布起义，表示要带领他们参加八路军。一直被蒙在鼓里的众人听到这个消息后，全都兴奋起来，纷纷表示愿意追随李春芳投奔八路军。前来迎接的冀热察挺进军七团团长陈仿仁、政委李致远等人给大家讲了话，欢迎他们弃暗投明，参加抗日。休整完毕，众人一起踏着晨光向山区根据地进发。

伪警备中队在岐沟村的起义，在房涞涿县及附近县镇的日伪军中产生了极大的影响，沉重地打击了日军的嚣张气焰。

二、粉碎日军的春季、秋季“大扫荡”

为加强对华北的统治，1941年2月25日，日军驻华北方面军召开参谋联席会议，制订了1941年度“治安肃正计划”，决定把新增派的兵力主要部署于华北北部。3月初，日军便开始不断向平汉铁路两侧的涿县、涞水地区增兵。3月25日，日军向涿县、涞水、邵村、魏村等据点增兵达到6000余人，并准备对平西抗日根据地实施大规模军事“扫荡”。

1941年，平西抗日根据地的春季反“扫荡”首先在平西南部的拒马河地区展开。平西地区的八路军部队不断以小部分兵力，机动灵活地深入房涞涿平原地区，伺机打击日伪军。

3月22日，冀热察挺进军某部设伏于涿县西部的展台村村外，伏击外出侵扰的日军，炸毁日军汽车 2 辆，打死日军 10 余人。4 月 1 日，八路军某部袭击平汉铁路松林店房树村伪军据点，缴获长短枪 10 余支，俘虏伪军 10 人，并缴获电话总机 1 部，八路军无一伤亡。4 月 11 日，八路军某部再次袭击该据点，将该据点彻底摧毁，并俘虏伪军 30 余人，缴获长短枪 30 余支。

4 月 16 日，2000 余名日伪军从邵村、魏村据点出发，进犯车厂村、木井村，冀热察挺进军某部沿途对其进行阻击。当晚，冀热察挺进军对占领木井村的日伪军发起了猛烈攻击，日伪军伤亡 110 余人。冀热察挺进军收复木井村后乘胜追击，将日伪军追至车厂村山地，日伪军四处逃散。

5 月 9 日，500 余名日伪军向冀热察挺进军涞水部队发起进攻，遭到冀热察挺进军的猛烈还击，激战持续了 4 个小时，日伪军伤亡 30 余人。10 日清晨，冀热察挺进军某部将塔照村至长沟村之间的电线破坏，收获电线 500 余斤。14 日，八路军某部破坏涿县以南的铁道数段，并与松林店火车站的日伪军发生激战，毙伤日伪军数十人。15 日，八路军某部再次袭击松林店火车站及北面的庄头据点，毙伤日伪军 30 余人，缴获电话机 1 部、长短枪 20 余支，破坏庄头村附近的铁道 50 余米，收获电线 300 余斤。16 日，冀热察挺进军某部在涿县邵村附近伏击日伪军，激战半小时，将其击溃，毙伤日伪军 20 余人，俘虏伪军 6 人，缴获大车 6 辆、步枪 20 余支。19 日夜，冀热察挺进军某部袭击平汉支线火车站，俘虏伪军 36 人、维持会会长 1 人，缴获步枪 30 余支。

在进犯平西抗日根据地的同时，华北日军根据 1941 年度的“治安肃正计划”，又制订了“扫荡”冀中十分区的作战计划，日军把这次“扫荡”称作“冀中北部作战”。

1941 年 6 月初，日军驻华北方面军总司令冈村宁次亲自指挥日军第一一〇师团、第二十一师团、第二十七师团、第十五独立混成旅团和驻扎在冀中十分区各县的伪军，共 2 万余人，对冀中十分区腹地发动了“铁壁合围”“篦梳清剿”的大规模“扫荡”。从 6 月 10 日开始，日伪军重点封锁了大清河及铁路、公路交通线，进行拉网式推进，企图一举歼灭冀中十分区的抗日力量。为了保存抗日力量，涿县（路东）游击大队根据中共冀中十地委的指示，在副队长乔悦的带领下，机智地跳出了日军的包围圈，随主力部队转移到平汉铁路以西的山区进行休整。

1941 年 8 月 13 日至 10 月，日军调集 5 个师团、6 个混成旅团及一部分伪军，共 7 万多人，在飞机、坦克的配合下，由冈村宁次亲自指挥，对晋察冀抗日根据地北岳地区和平西地区进行了为期两个多月的空前残酷的秋季“大扫荡”。日军企图以此消灭晋察冀边区的领导机关和主力部队，摧毁抗日根据地。

8 月 24 日至 9 月初，日伪军万余人对平西地区的拒马河两岸进行“扫荡”。“扫荡”一开始，日军就兵分 3 路，直扑房涞涿县政府的所在地——十渡。8 月 23 日晚，从红煤厂出发的日军向霞云岭、东村方向进犯，从涿县出发的日军沿拒马河谷向十渡的蒲洼地区进犯，另一路是从涞水太平庄村出发，经深山峡谷，准备绕到抗日根据地背后进行偷袭，日军妄图以“分进合击”的战术摧毁平西抗日根据地。中共房涞涿县委得到日军“扫荡”的情报后，立即召开区、县干部会，并连夜奔赴各村组织动员群众转移进山，并做好“坚壁清野”工作。

沿拒马河谷推进的日军约3000多人，有炮兵、骑兵和步兵。日军所到之处，生灵涂炭，不仅抗日根据地的各个村庄，就连只有几户人家的荒僻小村和村庄附近的山林都要搜剿一遍。9月，日伪军在李各庄、板城、蓬头等村设立据点，烧杀抢掠，无恶不作。来不及逃走的村民，有的被杀，有的被抓去做了劳工。10月2日，日军在白涧、大西沟一带抓捕百姓6036人，全部押往东北或日本做苦工，途中逃跑4103人，打死、饿死、杀害901人，有的幸存者直到抗战胜利后才回到家乡。日军开始“扫荡”的时候，正是农历七月份，庄稼还未成熟，日军走过的庄稼地，人踏马吃，庄稼都被损毁。秋后，日军又集结重兵，对拒马河两岸进行反复拉网式“大扫荡”。

为了掩护机关、部队、医院及后勤人员安全转移，八路军九团二营某连的一个排，在临近房山和涞水边界的八里塘阻击日军，击退了日军一次又一次的进攻。终因敌众我寡，以及日军有先进的武器装备作为支撑，一排战士弹尽粮绝，除一人重伤昏厥未被日军发现外，其余全都壮烈牺牲。

三、房涞涿平原地区的白色恐怖

1941年8月，日军集中重兵对房涞涿平原地区进行了为期两个多月的秋季“大扫荡”，妄图与八路军主力部队进行决战。为了保存革命力量，房涞涿县的党政干部全部撤到二区（十渡地区）继续坚持斗争。

在1940年秋季“大扫荡”中投敌的张庆云、刘新民，伙同伪特务队队长王兰亭先后在孙庄、常村、横岐、石亭、张坊等地修建据点、炮楼，帮助日军挖封锁沟，搞所谓的“治安强化运动”。另有中共房涞涿县委副书记兼县大队政委王伍携军款潜逃，区委书记范耀辉、区长孙山，以及郭汉勋、高金榜等人也先后叛变投敌，他们还带领日伪特务挨村抓捕中共党员、共产党干部和抗日群众，使整个房涞涿平原地区陷于白色恐怖之中，当时是“无村不戴孝，四处起狼烟”。

随着日军对平西抗日根据地的全面封锁，房涞涿县的抗日战争进入了最艰难的时期。

第九章　抗日根据地军民共度艰难时期

抗日根据地军民没有被日军的全面封锁、残酷“扫荡”所吓倒，而是与敌人展开了针锋相对的斗争，想尽一切办法克服经济困难，并积极采取多种斗争方式，坚持敌后抗战，英勇地保卫根据地。抗日根据地军民一面加强反“扫荡”斗争，组建武工队打击日伪军，扩大根据地；一面大力加强根据地地方政权建设，精兵简政，开展大生产运动，组织群众重建家园，齐心协力，战胜困难。

第一节　精兵简政

由于日军的全面封锁、残酷“扫荡”和自然灾害，1942 年，平西抗日根据地进入了极端困难时期。经中共中央批准，在抗日根据地开展了大规模的精兵简政。八路军主力部队、游击队化整为零，分成若干小分队，由内线转向外线，向“敌后的敌后”进军。

一、萧克、马辉之致电中共中央

1941 年 11 月 18 日，冀热察挺进军司令员萧克、中共冀热察区委书记马辉之联名给中共中央北方分局、中共中央北方局、中共中央发报，分析了冀热察地区近期的状况，并提出了今后的工作意见。他们对平西地区存在的困难进行了分析，重点强调了平西后方机关太多、老百姓负担过重的问题。

1941 年，平西地区的旱灾、雹灾很严重，尤其是产粮区，基本没有什么收成。平西军政干部全年所需公粮为 2000 石小米，但只能征收到 1200 石，这就需要部队和抗日民主政权额外向老百姓再征粮。虽把冀中十分区和蔚县划归平西地区，本想缓解一些粮食的压力，但都没有达到预期的效果。

平西的部队及各机关虽已紧缩到可以说比北岳地区任何分区都要少，各部门均残缺不全，但各机关加起来，总人数仍比任何分区机关都要多。再加上日军的分割封锁政策，如不裁撤，不要说粮食与住所的问题，在日军经常偷袭的情况下，掩护与转移都非常困难。为了解决平西地区的供需矛盾，平西抗日根据地一面缩减脱产人数，一面开辟新地区。

萧克、马辉之向中共中央建议：把军级指挥机关与军区合并，平西只成立一个小的分区指挥机关，地委总队部取消，统一在分区司令部指挥，冀中十分区归还冀中区。报告很快得到了中共中央的批准，平西抗日根据地的困难得到了中共中央、晋察冀军区的高度重视，中共中央很快明确了相关的精兵简政方案。

二、精简党政军机关

1942年2月4日，根据中共中央指示，晋察冀分局和晋察冀军区决定撤销中共冀热察区委及冀热察挺进军领导机构，原冀热察挺进军司令员萧克任晋察冀军区副司令员，将平西、平北、冀东分别改为第十一、第十二、第十三军分区并设地委，地委直接由分局和军区领导。1942年2月至1943年2月，中共平西地委改为北岳区第十一区委员会，李德仲任书记，辖房涞涿、昌宛、涞水、蔚县等4个县委和昌宛县工委。平西专署称晋察冀边区第六区行政督察专员公署。成立北岳军区第十一军分区，司令员为黄寿发，政委为萧文玖，辖第七团、第九团、第三总队（后改为十二区队）、特务营。各县建立了县大队，各区有区游击队，各村也组建了各种武装组织，形成了正规军与地方军相结合、游击队与民兵相结合的抗日武装力量体系。原平西地区及各县的工人救国会、农民救国会、青年救国会、妇女救国会，改称为北岳区十一分区工人救国会、农民救国会、青年救国会、妇女救国会。

1942年12月，按照边区政府精兵简政的原则，将房涞涿县的工人救国会、农民救国会、青年救国会、妇女救国会合并，成立了抗日联合会，简称抗联，下设组织部、宣传部、工人部、农民部、青年部、妇女部。

经过精兵简政，抗日根据地人民的负担减轻了，老百姓得到了休养生息，各级机关的工作效率得到提高，部队的战斗力也得到进一步增强。

三、调整房涞涿县领导机构

1941 年秋至 1942 年春，房涞涿县大部地区落入敌手，房涞涿抗日根据地只剩下 3 个区，且经常遭到日伪军骚扰。革命队伍中的不坚定分子有的叛变投敌，有的逃跑，全县能坚持斗争的干部只有四五十人。为了保存革命力量，县委机关转移到了二区前石门村的山沟里。

1942 年 1 月，上级党组织对房涞涿县的主要干部进行了调整。贾吉平任县委书记，赵然任县委副书记，马志益任县长，并在房涞涿县建立起武装部，加强民兵建设。原平西分区老九团来到房涞涿地区后，与当地民兵配合战斗，连续打了几个胜仗，使得日伪军从此不敢轻易进入山区根据地，抗日形势日趋稳定。不久，县委机关又转移到了平峪村。

第二节　平西地区两次重要会议

为了粉碎日军的全面封锁，中共冀中十地委、中共房涞涿县委认真贯彻多次重要会议的会议精神，并先后召开会议。会上统一了思想，明确了斗争的形势和任务，指导了根据地的建设和反封锁斗争。

一、平峪会议

平峪会议是中共房涞涿县委在抗日战争极端困难时期召开的一次扭转时局的重要会议，会后房涞涿地区的抗日形势开始好转。

1942 年 3 月，为了贯彻执行中共中央“独立自主、武装斗争、建立抗日统一战线”的指导方针，中共房涞涿县委在房山县平峪村召开了 30 多人参加的县、区干部扩大会议。

会上首先进行了深入细致的思想教育工作。县委主要领导反复宣讲毛泽东主席《论持久战》的观点，并结合斗争实际，讲解内线和外线、包围和反包围的关系，以及积极开展敌后斗争的重要意义，进一步稳定干部、群众的情绪，增强了抗战必胜的信心。同时，在中共平西地委的领导和支持下，从实际出发，制定了扭转抗战形势的政策和措施。一是改造村政权，加强村政权建设，并充分发挥村政权在抗日战争中的作用。平峪会议后，中共房涞涿县委在根据地内开展了区、村政权的选举工作，对旧政权进行改造；二是建立武装工作委员会，深入房涞涿平原地区，广泛开展敌后游击战，坚决粉碎日军的“总力战”和“囚笼政策”，巩固和扩大根据地。

二、李村会议

1942 年 4 月，中共冀中十地委在任邱县李村召开会议。会议根据突围出去的干部和武装力量陆续回来后提供的实际情况，决定调整第一、第二联合县的区划。大清河以西、平汉铁路以东为第一联合县的辖区，大清河以东、牤牛河以西为第二联合县的辖区。

调整后，第一联合县称容定新雄涿联合县。为了开辟涿县的东南部地区，第一联合县县大队和方官区小队，派人深入各村，发动群众，恢复关系，开展隐秘斗争，并配合县大队主力部队突袭了涿县飞机场、涿县火车站。高官庄一带的群众不断将各种物资秘密运送到方官、平景等地，极大地支援了抗日根据地。第二联合县的面积为

1200 平方公里，人口为 47 万。第二联合县辖区的西面、南面均以大清河为界，东至平大公路，北至永定河。涿县东北部的义和庄、码头、里渠等地划入第二联合县，与固安县的第三、第八、第九区合编为第五联区，原属第二联合县的高官庄、豆庄、柳河营等地划归第一联合县。

第三节　房涞涿武工队坚持斗争

1942 年初，面对日军全面封锁的严峻形势，中共平西地委书记李德仲在平峪会议上明确指出：日军对抗日根据地实行了“总力战”和“囚笼政策”，想迫使我们退入山内。我们要反其道而行之，要建立武工队，深入房涞涿平原地区，广泛开展敌后游击战，扩大根据地，缩小敌占区。

一、组建房涞涿武委会和武工队

为了反击日军的“囚笼政策”，抗日根据地的军民步调一致，以积极主动的姿态，在已有的基础上稳固地向外突围，寻找日伪军的弱点与空隙，发起对日伪军的斗争。积极开辟外线，充分发挥游击战的效能和威力，摧毁伪政权，破坏日伪军的经济统治，揭露日军的政治欺骗。中共房涞涿县委扩大会议后，县游击支队改建成县大队，肖炳林任队长，徐树平任政委。

1942 年 11 月，按照平峪会议的指示精神，中共房涞涿县委决定成立由县大队队长肖炳林、县政府实业科科长董一欧、县青救会主任陈辉、县武委会副主任刘民、县公安局股长段诚等人组成的敌后抗日武装工作委员会，负责领导封锁线外的敌后武装斗争。同时抽出十几名骨干组成武装工作队，深入涞涿平原敌占区进行开辟工作。

武工队分成两路深入敌后。一路由董一欧带领，负责恢复1940年“扫荡”前的工作关系。开始只有高村、横岐、泽畔等少数村落的几个堡垒户可以联系上，之后慢慢扩大。董一欧等人利用与北胡宁村刘进银的关系，先到北胡宁村落脚。白天在刘进银家隐蔽，晚上则到伪保长等“上层人士”的家中“串门”。经过思想动员，北胡宁村的伪保长卢鹤令也开始帮忙到各村联络。两天后，后铺村的伪保长来接董一欧等人到后铺村住了两天。之后董一欧等人又陆续到了东古邱、碑资、榆林、松林店等村，就这样一村一村地转移，和更多村落的关系人接上了头，恢复了工作关系，并掌握了敌情。另一路由肖炳林、徐树平带领，他们从北横岐村进入涿县境内，在马踏营、三城、二站、东城坊、宁村、泽畔等村做了一番侦察，了解了日伪军的兵力部署情况，摸清了日伪军的活动规律，并建立了联络点。

二、武工队在平原地区的斗争

房涞涿武工队在队长肖炳林的带领下，深入平原地区开展游击战争，他们利用关系户和有影响的“上层人士”，逐步站稳了脚跟。

1942年11月中旬的一个夜晚，肖炳林、董一欧、段诚等人带领武工队，从三区的赤土村往东，跃过尚未挖成的封锁沟，涉过齐腰深的拒马河，到达高村开展工作。又陆续到马踏营、横岐等村开展工作，发展关系，逐渐将游击区恢复为抗日根据地。肖炳林和董一欧借助人熟、地熟的有利条件，先后在北泽畔、前铺、后铺、东古邱、兴盛屯、北胡宁、孙庄、西庄头等村发展关系，利用伪保长刘子明、温锡奇、卢鹤令和关系人冯国栋等人开展工作，建立了多个两面政权，很快便打开了敌后根据地的开辟与恢复的工作局面。

11月下旬，肖炳林等人回到平西抗日根据地，向房涞涿县委、县政府汇报了武工队的工作，受到了县委的表扬。随后，敌后武委会委员陈辉、刘民又带领一批武工队队员来到平原地区开展工作，发展关系。

到12月底，武工队在房涞涿的第三、第四、第五区都站稳了脚跟，能保证食宿的村庄达到40多个。

三、处决汉奸特务

对于房涞涿地区那些罪恶不大的日伪汉奸，就向他们宣讲政策，努力争取他们，让他们立功赎罪。对那些罪大恶极、誓与人民为敌的铁杆汉奸，就将其列入名单，坚决镇压。天黑后，武工队队员带上盖有县长印章的布告，越过封锁沟，到敌占区按名单捉拿汉奸，将汉奸处决后在他身上贴上布告，以此来鼓舞群众，震慑日伪军。锄奸工作的开展，为敌占区的开辟工作扫清了障碍。

武工队初到马踏营村一带时，只能在夜间活动。有的伪保长拒绝和武工队建立关系，他们白天在村里欺压百姓、敲诈勒索，夜间则躲进日伪军的据点，在炮楼内过夜。为了镇压那些为非作歹的伪保长，同时教育并争取其他仍在观望的伪保长，武工队先后处决了几个伪保长，以便尽快打开局面。

前铺村伪保长王焕明，经常带领伪军在村内抓捕、残害无辜百姓，他横征暴敛、敲诈勒索、鱼肉乡里，每天一到天黑，便躲进孙庄的日伪军据点。武工队当即决定，先拿王焕明开刀。1943 年腊月二十八日，王焕明以为武工队回山过年了，便偷偷摸摸地回到村中，准备回家过年。谁知他刚走进家门，就被肖炳林、段诚等人扭住胳膊，拖到村西处决了。段诚拿出事先准备好的布告，用石头压在王焕明的尸体上。布告历数了王焕明的种种罪行，并警告其余汉奸不要步王焕明的后尘，落款是“八路军武工队”。

王焕明被处决的消息不胫而走，在房山、涞源、涿县、新城等 4 县的边界地区很快传开，吓得那些以前不愿和武工队建立关系的伪保长都纷纷主动打听武工队的消息，并托人找武工队接头，主动要求建立关系。武工队用同样的办法，先后处决了泽畔村伪保长肖玉恒、官立庄维持会会长罗三瞎，以及日本特务张波、赵太，还有西庄头村的叛徒杨士荣等人。

武工队的锄奸活动极大地震慑了日伪组织的成员，他们各自盘算着自己以后的出路。松林店、大团柳、榆林、孙庄、赵各庄、张翠台等伪大乡的乡长们都暗地里与武工队接上了头，并建立了关系。涿县县城内的伪警备队队长王志仁也与武工队取得了联系，主动为武工队提供情报。

第四节　加强村政权建设

村政权是抗日民主政权的基石，抗日根据地坚持在县政府下设区公所，并作为一级政权，以加强对村抗日民主政权的领导。

一、三种村政权

由于种种历史原因，各村的村干部极为缺乏。正如张明远在平西干部会议报告中指出的：在区政权内，八路军与基本群众处于劣势。在村政权中，除个别地区外，基本上掌握在旧的封建势力手中。因此，这一时期政府的各种进步法令与政策无法顺利地实行，很大程度上影响了对基本群众的发动。

加强基层干部队伍建设，是加强区、村政权建设的关键。平西抗日根据地以干部队伍建设为根本，抓好抓实区、村政权建设，巩固了平西抗日根据地的政权基础。

在巩固区，村政权为村行政委员会。委员会设有村长和管粮秣的办事员等，武委会、农会、妇救会、青救会等组织的主任参加村政权。村政权的主要工作是动员青年参军、筹集粮款、组织站岗放哨、送信、转运物资、拥军优属和侦察汉奸活动等。

平西地区有根据地、游击区和敌占区，同时还有 3 种不同性质的基层政权，即抗日民主政权、两面政权、伪汉奸政权。两面政权又分为抗日两面政权、中间两面政权、亲日两面政权。

抗日两面政权是经过改造后的村政权，政权的主要人员由中共党员秘密出任，或经区抗日民主政府批准，由忠于抗日而又正派，且有群众威望的人出任，要求能够贯彻执行上级抗日民主政府的意图。在政权组织内，愿意抗日的人占多数。村里还建有群众武装和群众组织，能够开展对敌斗争，并能够根据不同的形势对日伪采取相应的策略和手段。

中间两面政权是未经改造的村政权，政权基本仍掌握在上层封建势力手中。掌握政权的人员既怕日军和伪军，又不敢得罪八路军，抗日民主政府可对其加以利用。这种政权对抗日民主政府的政策法令尚不能贯彻执行，但可以从这些村庄征收一些粮食，抗日工作人员可以在这些村庄秘密活动。

亲日两面政权是旧政权，政权掌握在亲日分子手中，主要是为日军服务。八路军的武装力量在这些政权的村中站不住脚，村中的基本群众不敢接近八路军，但抗日民主政府可以利用旧政权了解敌情，征收部分粮食。

两面政权的存在，体现了抗日游击区政权的特殊性。在抗日战争时期，抗日游击区是敌我双方长期争夺的不稳定地区。基层政权大多仍掌握在封建地主阶级手中，他们既和日军、汉奸有矛盾，又和中国共产党有矛盾，既有亲日的一面，也有抗日的一面。因为基层政权没有独立的武装，所以只能视敌我力量的变化，采取两面都支持的态度才能存在。鉴于在某一时期内敌强我弱的局势，抗日民主政权在这些地区尚不能建立和存在，抗日民主政府也只能暂时利用这种政权做些有利于抗日的工作，并逐步将其争取、改造为抗日民主政权。

二、选举村政权

中共晋察冀北岳区委在《关于1942年村选的决定》中明确了村选的中心任务。平西各级党政组织向广大干部和人民群众反复宣传《决定》，使《决定》深入人心。通过贯彻落实《决定》，使村干部明白了干工作要听谁的、应该怎么干，对推进平西基层政权组织建设、度过根据地的困难时期，发挥了重要作用。

《决定》强调政权组织的统一性，反对单独强调某一方面的特殊性与独立性。《决定》要求坚决执行民主集中制，在不同环境中应有具体的运用。各委员会的主任、村治安员、中队长虽因工作性质不同而可以在工作上有一定程度的特殊性与独立性，但不能在组织上另成一套系统，不能各自为政。各部门工作的特殊性与独立性不能与政权组织和领导的统一性对立起来。

《决定》规定，一切权力要集中于村政权，任何村政权之外的公民联席会与村干部会都不能代替村立法与行政机关的权力。

《决定》强调要加强村政权的正规化建设。健全各种会议、汇报制度，坚决执行集体讨论与分工负责制。村代表会议每月一次，公民小组会议每半月一次，村务会议及各种委员会每半月一次，汇报期限可根据各地具体情况而定；确定检查工作制度，着力改进工作，提高工作效率。检查工作主要有两种方式，一种是村代表会对村公所工作的检查与监督，一种是行政系统自上而下的检查及村公所对各部门的检查；为使各项工作正规化，边区政府应颁布村政权工作人员工作条例，并严格执行；村财政制度必须坚持正规化，反对贪污浪费或者变相的贪污浪费，以及阳奉阴违的工作态度。

《决定》强调要强化党的领导。在选举时，党要正确地掌握政策，根据支部所处的环境与阶级关系的变化，确定具体政策；在选举后，党必须监督与指导村政权执行党的政策与政府法令，及时纠正政权中党员干部的一切违反政策的行为；必须消灭党政不分与党员兼职的现象；党的负责人在政权工作的范围内，不得干涉行政或指挥命令村长；在行政系统中，任何工作部门的党员连同支部书记在内，必须服从村长，执行村长的命令；党必须在一切场合维护并不断提高政权工作人员的威信；在政权工作中，党必须加强对党员统一战线与民主思想的教育，养成善于同党外人士合作共事的习惯和民主主义作风；党必须在各条战线上开展斗争，坚决反对宗派主义和把持包办的恶劣风气，坚决反对麻木不仁、丧失立场的右倾机会主义。

《决定》明确了1942年村选的焦点，即根据目前敌我斗争的复杂形势，在游击区、接敌区展开与敌人尖锐的争夺战，扩大抗日民主政权。

《决定》还明确了这次村选要在精兵简政的口号下，适当地改革村政权的组织机构，达到简单、切实、精干的要求，并在不同地区实行不同的村政权组织机构，以适应敌我斗争的具体形势。由于村财政尚未完全走向正规化，浪费现象与财政收支不正常现象仍相当严重，甚至某些地方还存在变相的贪污。在此次村选中，必须坚决地根据政府法令，对村财政加以整理，为将来村财政统一于边区打下基础。村选应以村为单位建立村选委员会，县、区建立村选指导委员会，除政府及群众团体派人参加外，还应吸收当地驻军、小学教员、士绅名流等人员参加。根据不同地区的实际情况，分别采取直接选举、间接选举或委派等办法，并采取公开或秘密等不同的形式。由于敌我斗争的尖锐性与紧张性，以及各村干部质量与数量的不平衡，在精兵简政的原则下，村公所委员会最多不超过 5 人，各委员会的人数，大村庄为 3 至 5 人，小村庄为 1 至 3 人。

选举方法简单易行。被选举人坐在前排，面向大家，身后放一个容器。选民依次从一旁的容器中取出几颗玉米粒或黄豆粒，并让监票人检查取出的数量。然后依次从被选举人身后经过，想要选谁，就把玉米粒或黄豆粒放入谁身后的容器中。选举完毕，监票人统计被选举人得到的玉米粒或黄豆粒的数量，从而确定被选举人的票数。

根据地的农民世世代代遭受剥削与压迫，没有选举权和被选举权。共产党八路军到来后，农民有了选举村长的权利，主人翁意识被激发，因此他们对选举工作都非常认真。民主选举不仅提高了人民群众的社会地位，还对加强抗日根据地的区、村政权建设起到了重要的推动作用。

选举中，在中国共产党领导的抗日力量占优势的一般接敌区，如没有受到敌人汉奸的严重威胁，可建立村代表会与各种委员会，并实行政权的“三三制”。在敌我斗争特别尖锐的地区，可不采用村代表会的形式，也可不设立各种委员会，由村长处理日常工作。在这些地区，可设置外交村长，以应付日伪军。在巩固地区，应实行政权的“三三制”，并采取选举的办法，由中共党员和非党人士联合竞选。但在巩固地区的落后地区，则要依靠统一战线与群众工作的开展，县委和区委有计划地调动得力的干部党员，经过公开选举机关提出的联合竞选办法，实现政权的“三三制”。在这些地区，中间分子与基本群众可以多一些，中共党员可以少一些，要打击与孤立反共顽固分子，实现村政权的“三三制”。

第五节　粉碎日军的残酷“扫荡”

日军因侵华战争的长期消耗，国内的人力、物力已到了难以支撑的地步。为摆脱这个危机，日军企图变华北为其大东亚战争的兵站基地，计划先扫平冀中抗日武装、孤立山区抗日根据地，而后彻底消灭山区抗日根据地。

一、冀中“五一大扫荡”和反“扫荡”

1942 年 3 月，伪河北省公署公布了《河北省各县乡镇组织暂行办法》，日伪在涿县地区强制推行“大编乡”，在偏远地带的各据点增派特务及谍报人员，各村都建立了情报站。

1942 年春，日军对华北的多个根据地进行了疯狂的“扫荡”。自 3 月“扫荡”太行山、晋西北一带后，日军就屯兵于各重要城市和交通线上。北岳区的东部先后被敌人控制，不但多个根据地的面积大大缩小，同时由于冀中与北岳地区遭到敌人的严重分割，使冀中根据地失掉了山区的依托而处于孤立。日军认为摧毁冀中根据地的条件已经成熟，遂于 4 月底纠集了 3 个师团、2 个旅团，共约 5 万余人的兵力，并配备以先进的武器，由冈村宁次亲自指挥，对冀中地区进行了空前残酷的“五一大扫荡”。

日军的“五一大扫荡”使冀中抗日武装和各级抗日民主政权的活动范围严重受限，逐渐缩小至一村一家一屋，甚至一度只能进行隐居，白天根本无法出来活动，只能在夜间进行活动。日军以极端的残暴行为疯狂镇压抗日武装和人民群众，尤其当日军遭到抗日武装的打击后，日军就在作战地区大肆屠杀无辜群众，以期达到让老百姓不敢接近或收留抗日武装人员的目的。在这种情况下，抗日武装及时解决了部队的行军与驻防、部队战斗后如何撤退、部队撤退后如何使群众不受到迫害等三大难题。

部队夜间行军时通常都是在小路上蹑足而行，并及时消除足迹。部队会在行军方向派出侦察兵，同时在行军队伍的两侧也有侦察警戒，如遇敌情，队伍便会迅速散开。到达宿营地后，部队通常是翻墙进入房屋，进屋后迅速熄灭灯光，悄然入睡。

部队通常会选择便于作战或行动的小巷或村庄的一角集中驻防，村外设置化装的秘密岗哨，并动员群众侦察警戒，同时禁止战士出院门或房门，严密封锁消息。部队还经常对房东进行保守秘密的教育。部队驻防时多住在抗日工作基础较差的村庄，少住在抗日工作基础较好的村庄，以免抗日村庄过度暴露，同时还能开展开辟基础较差村庄的工作。部队驻防后只通知抗日村公所或伪村公所的极少数人知道，征收粮食时或多要或少要，以防日伪特务探知部队的规模。部队规定上午不能上街买粮、买菜，以免过早暴露，同时利用忽隐忽现的驻防方式欺骗日伪军。

当日伪军以小规模部队进行围家围村的行动时，抗日武装便预先隐蔽在村内的一家或数家，或埋伏在村庄的边缘地带，待敌人靠近后突然冲出，以白刃战解决战斗，消灭日伪军后立即转移。如未能全部消灭日伪军，则向残余的敌人发起猛烈的追击，趁日伪军离开后，据点碉堡内兵力空虚之际，部队抓紧向外转移。或沿着日伪军兵力薄弱的点线，逐渐靠近据点碉堡，对日伪军进行压制，使他们不敢出来。或以“顶风上”的打法，将日伪军赶回据点碉堡，之后部队抓紧向外转移。此类战斗方式对日伪军的打击很大，日伪军再出动时，便不敢直接进村围家，而是先包围村庄，再派日伪汉奸多次进村搜索试探，之后才敢进村，这样更便于抗日武装做好战斗准备。

当日伪军对村庄进行包围合击时，抗日武装就以村落连环防御的战术对其进行反合击。依照“分散宿营，集中作战”的原则，使分散部队的战斗行动具有一定的计划性与组织性。当一部分部队被日伪军合围时，该部队便固守阵地或坚决猛冲，周围部队即按照预定计划前往增援，对日伪军进行反包围，形成内外夹击，帮助被困部队突围。

当日伪军以强大兵力进行包围“清剿”时，抗日武装便采取“化整为零，逐次分散”的战术，部队或三三两两钻进地道隐蔽，或预先冲出包围圈，在包围圈外对日伪军发起进攻。当抗日武装准备进行大规模战斗时，部队则化零为整，集中兵力对敌人发起进攻，战斗结束后又迅速分散。

力求打击日伪军后使群众不受到迫害。随着游击战争的广泛开展，有群众的地方就有抗日武装，日伪军处处挨打，挨打之后又不知是谁打的，想找群众出气又会挨打，这样一来，日伪军便不敢再任意欺压群众。对于经常活动的日伪军，则派部队包围据点，堵门伏击。或趁日伪军警戒疏忽时，摸进据点碉堡将其消灭，打得日伪军十分苦恼，但又无可奈何。事实证明，游击战争的广泛开展，不仅保护了群众的利益，同时也提升了抗日武装在群众中的威望。

二、青抗先牵制日伪军

1942 年 3 月，陈辉担任房涞涿县青年救国会主任。12 月，日军以 10 万兵力进攻山区根据地，以“铁壁合围”战术进行“鲸吞式扫荡”。当时平西主力部队九团、房涞涿县政府、冀中十分区医院、银行等机关都驻在十渡、西庄、西河等村，二区区公所驻在八渡村，所以这一带被日伪军视为进攻的重点。

陈辉带领平原地区的青抗先负责牵制涞水县石亭一带的日伪军，掩护县区机关和兵工厂向山区转移。驻石亭据点的日伪军有 300 多人，而青抗先只有 60 多人，且缺乏战斗经验，武器也只有大刀、长枪和手榴弹，想要对付全副武装的 300 多名日伪军，谈何容易。为了坚定战士们完成牵制任务的信心，增强战斗士气，陈辉和青抗先的战士们一起宣誓：“宁可战死沙场，决不投降。”之后把写有“打鬼子”“劝伪军”“告乡亲”等内容的传单散发、张贴到石亭村的内外，以此来分散日伪军的注意力。青抗先兵分两路对付进山“扫荡”的日伪军，一路由三区青救会主任史文柬率领，在山口处截击日伪军；一路由陈辉带领，沿途偷袭、骚扰日伪军。经过两路青抗先的截击和袭扰，最终使日伪军不得不改变了原本的进山计划。青抗先凭借着对地势的熟悉，与日伪军在山间进行周旋，拖着日伪军在山沟里转了 5 天，终于胜利完成了牵制任务。

青抗先准备撤离时，被日伪军包围在了北龙泉村村外的山上。战士们牢记“宁可战死沙场，决不投降”的誓言，与敌人顽强战斗。史文柬为了掩护战友们突围，只身冲入敌阵，挥起大刀与日伪军拼杀，最终壮烈牺牲在了北龙泉村。庞家河村的青年干部金德恒，连续投出3枚手榴弹炸退了日伪军，等他撤出阵地后才发现，自己的两条腿都被炸伤了。经过4个多小时的激战，陈辉带领部队终于冲出了包围圈，顺利返回了山区根据地。

房涞涿县的抗日青年在对敌斗争的实践中得到了锻炼，成长迅速，并相继培养出了像史文柬、李增尧、金德恒等一批抗日战争的骨干力量，为夺取抗日战争的胜利发挥了积极作用。

三、千河口战斗

1942年12月中旬，日伪军从房山县城和琉璃河、北白岱、张坊、塔照、石亭等据点纠集近千人的兵力进入了千河口村，企图从东面的河路沟村进攻十渡等村。

在日伪军准备进行“扫荡”的前两天，八路军九团就已获得了情报，当即从一营先后派出两个连进驻穆家口村，为迎击日伪军做准备。

日伪军的一股先头部队从千河口村出发，渡过拒马河后向穆家口村方向而来。河这边是一片较开阔的沙滩，八路军的一个排埋伏在穆家口村村外的山坡上，敌人刚刚过河，八路军就发起了进攻。由于八路军居高临下，打得敌人措手不及，日伪军丢下十几具尸体后狼狈地跑回了千河口村。日伪军占领了千河口村村北的山坡，随后敌人爬到山坡西北面临河的悬崖上向八路军射击，并且数次组织兵力想要强渡拒马河，企图攻取穆家口村，均遭到八路军的痛击。

八路军和日伪军各自占领一个山坡，形成了对峙局面。第二天下午，八路军指挥员一面命令轻重机枪向敌人阵地猛烈开火，佯攻正面，同时派出一个精悍的尖刀班，从穆家口村的东北面出发，以最快的速度登上了日伪军背后山峰的制高点。尖刀班如猛虎扑食般冲下山峰，一颗颗手榴弹接连在日伪军阵地爆炸。尖刀班出其不意的攻击，打得日伪军晕头转向。尖刀班冲入敌阵后奋力拼杀，弹药用尽了就用刺刀展开肉搏，在毙伤日伪军 50 余人后，终因敌众我寡，尖刀班的战士全部壮烈牺牲。尖刀班冲入日伪军阵地的同时，八路军后续部队以轻重机枪开路，直逼千河口村，从正面攻击日伪军。日伪军腹背受敌，眼见败势已定，敌人趁着夜色狼狈地逃回了张坊据点。第二天拂晓前，日伪军偷偷返回千河口村，把之前抛弃的尸体拖回了琉璃河据点。

这次千河口战斗，八路军九团干净利落地歼敌近百人，并且缴获了一批武器弹药和物资。

第六节　应对日军的经济封锁

日军的全面封锁使平西抗日根据地的生活物资极度短缺，加之 1942 年上半年的一场空前的旱灾，使根据地更加雪上加霜，根据地军民的生活异常艰难。针对这种情况，房涞涿县委、县政府根据平峪会议精神，一方面组织根据地军民开展大生产运动进行生产自救，另一方面由军分区组织武装力量，掩护群众到敌占区征粮。通过各种渠道，冲破日伪军的封锁线，从敌占区运回急需的生活物资。

一、到敌占区征粮

早在1940年春，房良县政府就在镇江营建立了交通转运站，用以保证上级党政机关和主力部队的粮食和急需物资的供应，保证兵源的补充和运送。上级规定：镇江营周围5公里以内的村庄不分县界，人力、物力、畜力统归镇江营交通站调动，专用于转运抗战物资，随到随运。镇江营交通转运站成为平西抗日根据地的中转枢纽。

为了保证根据地生活物资的需要，1942年5月，宛平、房良、涞涿等县组成联合运粮大队，由平西专署和各县政府指挥，部队护送，定期轮换，将生活物资运送到平西抗日根据地的各处。房涞涿县大队、武工队与县区工作人员经常秘密深入房涞涿平原地区的各村，通过村长征集粮食，并将征集到的粮食送往县政府的指定地点。

1942年以后，房涞涿县大队、武工队与县区工作人员通过多种渠道寻找经商者，为根据地秘密购进急需物资，有时还通过支持抗日的开明绅士，由他们利用各种关系运回急需物资。房涞涿县大队、武工队与县区工作人员还经常越过封锁线到敌占区，抓来伪保长，让他们限期把粮食送到指定地点，没有粮食的就用别的物资代替。通过秘密工作，涿县很多敌占区的群众冲破层层阻碍，千方百计地为根据地运回物资，还把根据地的土特产品运出山外。

为了冲破日军的经济封锁，房涞涿抗日根据地与敌占区建立了几条贸易渠道，其中有一条是从十渡到东关上，再到张坊一带，一直延伸到涞涿县的广大地区。房涞涿县还组织了运输队，参加运输队的都是各家各户 18 岁至 40 岁的民兵。运输队分为长期和短期两种，两种运输队相互轮换。长期运输队（主要是运输粮食）一次去二三百人，每次进行半月至 20 天。运输队连续几个月征粮运粮，从敌占区运回了大批粮食，不仅保证了军需，还拿出一部分分给烈属、抗属和少数贫困户，使根据地严重缺粮的问题得到了缓解。敌人为了防止生活物资流入平西抗日根据地，其伪自卫队采用“埋电线杆”的方式，每隔 100 米站一个人，日夜看守封锁线。但等到天一黑，伪自卫队一边喊着平安无事，一边协助八路军运粮队通过封锁线。根据地党政军民团结一致，克服困难，到 1943 年夏秋时节，平西抗日根据地的形势好转，基本上摆脱了困难局面。

房涞涿平原地区的抗日民众，对平西地区的抗日战争做出了很大贡献。

二、开展大生产运动

抗日根据地积极组织生产自救，开展大生产运动。根据地军民沿拒马河滩开荒砌堰，种植水稻。县、区政府分别下达了生产任务，县、区干部一边领导人民生产自救，一边带头参加生产劳动，除值班人员外，其余人都以小组为单位参加开荒种地。部队指战员从团长、政委到战士，人人都是一手拿镐，一手拿枪，纷纷动员起来，投入轰轰烈烈的生产运动之中。

第七节 建立交通队和地下交通线

在中共涿县地方党组织的支持下，一条冀中十分区与晋察冀边区领导机关秘密联系的通道建立了起来，这条通道在抗日战争中发挥了极其重要的作用。

1942年秋，冀中十分区为粉碎日伪军的层层封锁，决定组建一支秘密交通队，负责冀中十分区同晋察冀边区的沟通联系，执行传送文件、报刊和护送来往干部的任务。当时，冀中十分区的领导机关驻在新城县的方官、曲堤一带，要与晋察冀边区建立联系，就必须先穿过涿县，再打通涞水县和易县山区的通道，其中最关键的是在涿县建立起一条横穿东西的地下交通线。这条地下交通线要穿过有日伪军巡逻的平汉铁路，几条湍急的河流，还有日伪军把守的封锁沟和封锁墙，还要通过日伪军的严格盘查和林立的碉堡，任务异常艰巨。

冀中十分区非常重视这一工作，在司令员的直接指导下，很快从部队和地方抽调骨干力量组成了武装交通队。中共涿县地方党组织也密切配合，提出了“确保这条生存线的建起和畅通”的工作要求。新涿交界的第一联合县派出得力交通员张庆芳、铁泽等参与工作，房涞涿县派出由肖炳林、陈辉等人领导的武装工作队配合交通队工作。肖炳林、郑福顺、董一欧等人利用自己的人际关系，帮助交通队同一些村庄的伪保长和日伪军据点搭上关系，从而掌握日伪军的行动，保证交通队的安全。为了确保交通队在穿越平汉铁路时的安全，陈辉带领交通队队员们潜伏在铁道边关系户的房顶上，观察日伪军巡逻队的活动规律，把握穿越铁路的时机。陈辉还经常组织党员和群众为交通队做饭、带路，对交通队的工作给予了巨大支持。

在武装交通队和中共涿县地方党组织的共同努力下，经过几个月的艰苦工作，终于建立了近 20 个联络点，并且团结了一批“上层人物”，将其作为协助力量，还利用了一批日伪军作为耳目，最后建成了两条地下交通线。一条交通线经漫撒、苍牛屯、泽畔、碑资、马踏营等村，向西一直进入山区。一条交通线经交渠、三家店、西皋庄、城坊、西疃、高村、石亭等村，向西一直进入山区。往来在涿县地下交通线上的武装交通队队员，个个都是英雄好汉。不管在如何恶劣的环境下，他们都能机警地躲过日伪军的追踪，勇敢地穿过日伪军的火力网，一次又一次地顺利完成任务。他们不仅传送了大量文件，还护送了大批干部进入山区根据地，其中冀中十分区的领导旷伏兆、任志远等人都曾由他们护送进山。

1942 年冬，交通队一行 6 人护送专员任志远到晋察冀边区开会。他们天刚黑就动身，前半夜穿过平汉铁路，后半夜赶到了马踏营村，在村民刘俊明家落脚。吃过饭，天空突然下起了大雪，众人不便起程，只得在村里再休息一天。为了避开日伪军的搜查，任志远等人转移到了伪保长的家中。第二天雪停了，众人吃过晚饭，正准备上路，刘俊明匆匆赶来报告，原来是孙庄据点的日伪军正从西面向马踏营村赶来。刘俊明急忙带领交通队队员和任志远绕小胡同躲开日伪军出了村，然后又送出了两三公里的路，待完全甩开了日伪军的追赶，刘俊明才回到村里。

地下交通线上的人民群众对交通队的工作非常支持，都千方百计地协助他们完成任务。武装交通队在执行任务的日日夜夜里，饿了，有群众做饭送饭；病了，有群众请医喂药；在风雪中迷路了，有群众带路引导；被日伪军追踪，有群众掩护撤离；甚至还有群众为保护交通队队员献出了自己的生命。

1942 年深冬的一天，交通队李忠勇一行 4 人从冀中十分区到平西党政机关驻地报送材料。半夜时分，天空突然下起了大雪，正当交通队队员饥寒交迫之际，山边庙中的道士把他们让进了庙门，并端上了热腾腾的饭菜。吃过饭，李忠勇等人继续西行。寒风刺骨，大雪纷飞，众人顺着小路前行了 5 个小时后，因无法分辨方向，不得不停下了脚步。这时，山脚下出现了一位已等待多时的中共地下党员。他急忙将李忠勇等人带回家中吃饭，吃过饭后，众人又在暖烘烘的炕上好好地睡了一觉。第二天一早，这位中共地下党员护送着李忠勇等人出发前往平西党政机关驻地。

很多从城市出来参加抗日战争的青年学生和知识分子，以及各根据地要去延安的干部，都是经过这条秘密交通线，在房涞涿武工队的护送下，经由拒马河谷进入晋察冀边区的。

第十章　抗日战争形势好转

1943年，全国抗战形势开始好转。晋察冀抗日根据地在向“敌后的敌后”胜利挺进的鼓舞下，主力部队、地方部队和民兵相互配合，主动出击，全力收复被日伪军“蚕食”的地区。

第一节　主动出击，全面开展游击战争

1943年2月5日，中共晋察冀区委在给中共平西地委的信中，着重指出“在今年，平西形势只有积极地开展才能巩固”。发展的原则是在巩固的同时，积极地向外拓展，一方面要细心、耐心地加强巩固工作，另一方面要勇敢、大胆地向外开展工作。在巩固上做到建成几块，哪怕是小块的抗日游击根据地，然后再逐渐过渡到建成完整的、大块的抗日游击根据地。

一、开辟平原游击区新局面

中共房涞涿县委根据中共平西地委“积极地开展才能巩固”的指

示，领导县、区武工队及游击队、民兵积极配合主力部队，继续回击日伪军的军事“扫荡”，同时坚持开展全面的游击战，在局部地区开始向敌占区及其据点发起进攻。

1943 年 2 月底，房涞涿敌后抗日武装工作委员会根据两个多月来，抗日游击根据地的恢复和开辟工作的进展，在后铺村堡垒户家举行了会议。武工队队长肖炳林、政委董一欧、民运委员陈辉、武装委员刘民、联络委员段诚以及四区区委书记贾凤林，各自汇报了开辟工作的进展情况，并强调了武工队今后的 5 项主要任务。

锄奸。房、涞、涿、新等 4 县边界地区的汉奸、特务，其中有不少人是受到蒙骗，或是为了养家糊口不得已才为日军卖命的，对于这部分人，武工队要想办法争取、挽救他们，让他们早日戴罪立功。而对于那些极少数死心塌地干坏事、誓与人民为敌，且双手沾满人民鲜血的铁杆汉奸，则要坚决予以惩处。

“破交”。武工队要实行集中与分散相结合的办法，破坏日伪军的交通线，切断日伪军的运输命脉。

改造伪政权。房涞涿平原地区变成敌占区后，各村先后建立起了保甲组织、伪政权，武工队要下大力气对其进行改造，让伪政权为我所用。

寻机歼敌。武工队要寻找机会，主动出击，积极巧妙地进行游击战，使用各种战斗方式歼灭日伪军的有生力量。

运送物资。山区根据地在日伪军的经济封锁下，物资极度匮乏，武工队要深入敌占区，秘密动员，征收粮食，并购买药品、食盐、棉布等物资运送到山区根据地。

1943年夏，中共房涞涿县委为了加强对抗日战争的领导，决定任命县委副书记方直（原名刘君达，代号刘二）为武工队政委，由方直、陈琳、陈辉、姜林、高朴等5人组成封锁线外党的工作委员会，负责领导敌后武工队和三、四、五、六区的对敌斗争。县敌后武工队分散到房涞涿平原的各区，组建区武工队，使房涞涿平原地区的抗日游击战出现了新的局面。

1943年秋，中共房涞涿县委根据抗日战争形势的发展，配齐了各区的区委书记和区长，并建立起了各区的武工队，区各自为战，广泛发动群众，开展对敌斗争，利用地道战、地雷战、“麻雀战”、“挑帘战”，巧妙地打击日伪军。村政权相继恢复，并不断得到巩固，党的基层组织也相继恢复建立。

二、打击伪宪兵队

1940年秋季反“扫荡”后，原涞涿县大队第三中队队长刘新民向驻涿日军投降，日军让他当了伪宪兵队队长，并成立了一支40余人的伪便衣队。刘新民不仅带领伪便衣队四处打探抗日组织的情报，并逮捕抗日干部和群众，还经常带领伪宪兵队到各村敲诈勒索、鱼肉乡里。从1943年春开始，在群众的配合下，武工队采取在村内突袭和在公路伏击的办法，不到一年的时间里，在高村、横岐、马踏营、泽畔、前铺、后铺等村共消灭了伪宪兵队、伪便衣队30多人。到1944年春，伪宪兵队、伪便衣队的人员大幅减少，敌人只得又补充了一些兵员。到1944年夏，伪宪兵队又在公路上被武工队袭击了几次，之后伪宪兵队便再也不敢三五成群地小规模出来活动了。

三、开展“破交”斗争

房涞涿县的区武工队抓住战机，全力开展破坏日伪军交通的斗争。在平汉铁路、高易支线、周琉支线，以及各条公路线上，房涞涿县的区武工队进行了多次“破交”斗争，他们扒断铁路、炸毁桥梁，阻止日伪军运送补给和兵员，还割断了日伪军的电话线，砍倒了电线杆，使日伪军各据点之间失去了联系。

1943年秋，房涞涿武工队在获得日伪军供给列车出动的情报后，抓住时机，在列车必经的苍牛屯村安置炸药，成功炸毁了日伪军的供给列车。

四、建立十六区队

1943年4月，冀热察挺进军九团奉命从房涞涿县调去延安。为了在这一地区保持一定数量的主力部队，支援地方抗战，由原九团参谋长刘光第负责，将九团留下来的约一个连的兵力，加上平北四十团抽出的一个连，再加上从地方游击队中抽上来的一个连，组成了一支新的部队——十六区队。十六区队队长为王茂全，副队长为雷育龙，参谋长为刘光第，区队部设在十渡村，活动于张坊、塔照、涞涿平原一带。

五、初创地道

1943年春，敌后武工队在涿县西部地区发动群众挖地道，改造伪政权，恢复各村抗日群众组织，进行锄奸斗争，使游击区不断扩大，抗日战争的环境逐渐向好。

1943年秋后，平原地区开展抗日游击战的依托——青纱帐，随着季节的变化而消失。从10月份开始，日伪军集中兵力，四面出击，对涞涿平原地区进行“清乡”和“扫荡”，抢夺粮食和物资，搜捕抗日军民，给涞涿抗日游击根据地造成了重大损失。

为了应对日伪军的“清乡”和“扫荡”，同时为了继续坚持地区斗争，抗日军民开始秘密地挖掘地堡和藏身洞，用来隐藏自己，并且还可以出其不意地打击日伪军。地堡和藏身洞虽很简陋，但在当时的涞涿平原地区却发挥了很大的作用。在二站、前铺、后铺，兴盛屯、马踏营、西庄头、窑上、祖各庄、张翠台、赵各庄、陈家庄、北辛庄、榆林、胡宁、果园、南马、北马等村都挖出了各有特色的地堡和藏身洞，这些地堡和藏身洞很好地掩护和保护了八路军、武工队和抗日干部。

第二节 开辟平南地区

平南地区指的是位于平汉线、北宁线和津保公路之间的三角地区，也泛指北平以南、平汉铁路以东、廊坊以西的广大区域，这一地区是一望无际的平原，战略地位极为重要。

一、建立七字工委和七字办事处

1943年10月，中共冀中十地委副书记李斌、原第二联合县县委书记苏玉振等人到永清县查马坊村，与先期到达的军分区司令员刘秉彦、副参谋长李大卫、政治部副主任李孔亮、民运科科长刘广钰和四十三区队政委刘立浦汇合，共同商议开辟平南地区的相关事宜。经众人研究决定，撤销第三联合县第二联合区的建制，成立中共大宛安永固涿良工作委员会和大宛安永固涿良办事处（简称七字工委和七字办事处），苏玉振为工委书记，刘广钰为工委委员兼办事处主任，刘立浦为军事委员，徐践为敌工委员。同时决定四十三区队一大队继续在平南地区活动，郑生便衣队由办事处指挥。

七字工委和七字办事处的建立，成为平南地区抗日战争的一个重要转折点。在七字工委的领导下，开展了以发动群众、建立区级政权为中心的建党建政工作。在原本就有一定活动基础的永定河沿岸组建了第一、第二两个联区，第一联区包括永清县查马坊区和安次县白家务、旧州一带，区长为王继三；第二联区包括固安县押堤区和宛平、大兴南部的部分村庄，还有涿县的码头、长安城一带，区长为赵建华。后来两个联区相继配备了助理员。

二、平南抗日游击区的扩大与发展

平南抗日游击区的扩大与发展是从第二联区向大兴、宛平交界处挺进开始的。七字工委和七字办事处依托第二联区的刘各庄、南化各庄、北化各庄、曹各庄等村，逐渐向北发展，平南游击队的活动范围一度扩展到涿县的码头村和良乡的窑上村一带。七字办事处主任刘广钰和阎占彭、郭铁等人在永定河畔活动，并在长安城、南蔡、北蔡一带的村庄发展党员，建立抗联会，进行根据地的开辟工作。

四十三区队一大队配合地方干部进驻兴隆场村，利用该村周围的有利地形封锁村庄，没收伪自卫团的枪支，对村民进行抗日宣传。之后被日伪军发现，白家务据点的日伪军纠集了几百人从东、南两侧向兴隆场村发起进攻。四十三区队只有一个大队的兵力，与敌人相差悬殊，双方对峙到天黑，四十三区队一大队突出重围。

七字工委和七字办事处及时总结了兴隆场村战斗的经验和教训，针对当地日伪军势力强大、控制严密，群众还没有发动起来的特点，确定以武工队的形式，广泛发展抗日民族统一战线，争取利用“上层人物”，进行隐蔽开辟。苏玉振带领部分干部进入平大公路以东的大兴、宛平交界地区，开辟礼贤、大辛庄、南各庄一带的村庄；刘广钰率领部分干部及四十三区队一大队、郑生便衣队进入平大公路以西，向永定河两岸的涿县、良乡、宛平 3 县交界地带挺进。

第三节　加强爱国统一战线建设

房涞涿武工队在敌占区改造伪政权，与各村的伪保长、伪大乡长搞统一战线，使大批之前为日军卖命的人员转变成了抗日力量。在掩护抗日军民，支援根据地建设中做出了有益的贡献。

一、召开“绅士会”

武工队为了发展抗日民族统一战线，争取更多的抗日积极分子，陈琳、陈辉等人召集 4 个区的乡绅、伪保长，于 1943 年冬召开了“绅士会”。

为了在夏辛店村召开各村有钱有势的“上层人物”参加的“绅士

会”，武工队政委陈辉、四区区长陈琳等人登门拜访了后铺村刘子明、北胡宁村卢鹤令、大团柳村谢福善等30多人。当时，兴盛屯村的乡绅冯国栋和涿县中学校长郝默然都住在涿县县城内，为了表示武工队的诚意，陈辉化装进入了戒备森严的涿县县城，拜见了冯国栋和郝默然。冯国栋见陈辉不避艰险，盛情相邀，竟禁不住双眼垂泪地说：“请陈同志放心，夏辛店之会我一定按时参加。”“绅士会”开会当天，冯国栋、郝默然都准时到会，参会的乡绅对他们二人冒险前来表示深深地敬佩。

会上一致通过了以“不给鬼子拿差，不为鬼子传信，不替鬼子办公”为内容的抗日救国约法三章。古邱村伪保长温锡奇、马踏营伪保长刘光汉、北胡宁村伪保长卢鹤令、兴盛屯村乡绅冯国栋、松林店村乡绅张国栋和向阳伪大乡乡长郭兴等人都先后参加了抗日工作，成为“白皮红心”的抗日积极分子，冲到了抗日战争的第一线。

二、利用内线，分化瓦解日伪军

中共涿县地方党组织在领导武装斗争，打击日伪军有生力量的同时，建立起了广泛的爱国统一战线，并积极开展争取伪军警的工作，与伪军“上层人物”建立联系。

房涞涿县大队队长肖炳林与涿县县城内的伪军“上层人物”王志仁建立了联系，身为伪警备大队队长的王志仁经常为县大队提供军事情报。有一次，日伪军集结了700余人要到城西一带的村庄抢收小麦，县大队及时收到了王志仁派人送出的情报，立即进行部署，打了一个漂亮的伏击战。

1943年，武工队开展了声势浩大的抗日宣传工作，对日伪特人员展开了政治攻势，进一步分化瓦解了日伪特人员，并提高了群众参与抗日战争的积极性。1943年春，孙庄炮楼里的田继勇在武工队的引导下，和武工队建立了关系，主动将日伪内部的情况向武工队进行了报告，并配合八路军武工队攻克了横岐和松林店两个日伪据点，全歼了守敌。各区也积极采取“拉出来，派进去”的办法，同日伪据点建立了一些内线关系。

在全国人民抗战热潮的影响和中共房涞涿县地方党组织的推动下，全县抗日民族统一战线得到了进一步地巩固和发展，为彻底打败日本帝国主义的侵略发挥了积极的促进作用。

第四节　坚实的壁垒——堡垒户

在敌占区开辟根据地，首先需要有落脚点才能开展工作。在日伪统治下的涿县平原地区，日伪军的碉堡、岗哨林立，共产党八路军只能依靠堡垒户的掩护才能展开工作。在涿县的平原地区，堡垒户为了支持抗日战争，冒着极大危险，不顾个人乃至全家人的安危保护了抗日力量。

一、模范堡垒户张汉卿

张汉卿生于涿县前铺村的一个农民家庭，抗日战争一开始，他就积极投身革命，冒险掩护革命干部，他的革命事迹不仅影响了前铺村一带的村庄，还带动了当地群众的抗日积极性。

1938年秋，邓华支队的三十一大队为开辟根据地来到了涞涿地区。家住前铺村的张汉卿听说涞水县龙安村一带有共产党和八路军，还听说他们是为老百姓办事的真正抗日的队伍，他便代表众乡亲进山寻找，结果还真找到了。三十一大队营长李湘热情地接待了他，并向他讲述了中国共产党领导人民闹革命，从红军长征到挺进华北抗日的战斗历程，讲了抗日救国不当亡国奴的道理。李湘的一席话，使张汉卿豁然开朗。

与三十一大队建立了联系后，张汉卿就开始秘密地为八路军工作。一次，张汉卿进山送情报，他向李湘提出了参加八路军的想法，李湘对他说："涿县路西还处于敌占区，我们外出几十里到山外去工作，总得有个可靠的堡垒户做掩护，参加八路军队伍和在本地秘密活动都是为抗日做贡献!"张汉卿听后连连点头，他说："我一定听领导的安排，当好这个堡垒户。"从此，张汉卿家就成了八路军的堡垒户，成了抗日的秘密交通站。1941年3月25日，经区委书记陈辉介绍，张汉卿光荣地加入了中国共产党。不久，前铺村建立了党支部，张汉卿担任党支部书记。

一次，县敌工部干部段诚正在前埔村开展工作，敌人突然包围了村子，张汉卿带领段成迅速下了地道，转移到村外，脱离了危险。

还有一次，王敬存等人来前铺村找张汉卿谈工作，他们刚进村，敌人就跟了进来。众人来不及躲进地道，张汉卿便把他们化装成农民藏在了村边不起眼的小草房里，他又回来应付敌人。等把敌人骗走后，张汉卿以拔草作为掩护，背着筐给王敬存等人送去了饭。谈完工作，张汉卿又将他们安全送走。在敌人"扫荡"最疯狂的时期，村里不能住了，张汉卿就让他的弟弟张汉明陪同需要掩护的同志到村北河套里的小树林中过夜。区委书记陈辉在前铺村坚持地下斗争时，为了保证他的安全，张汉卿曾让他扮成看瓜的人，白天在瓜棚里休息，晚上到各村开展工作。

为了适应对敌斗争的需要，保护同志们的安全，从 1942 年冬到 1943 年春，张汉卿在积极发展堡垒户的同时，还领导群众把简单的地洞和“蛤蟆蹲”串连起来，挖成地道直通村外。

为了掩护共产党干部，张汉卿曾多次身陷险境，也曾两次被叛徒出卖，但在群众的保护下都脱离了危险。张汉卿常说：“作为一个堡垒户，保护好同志们的安全是我的任务，我个人担点风险没什么。”在斗争最尖锐的时期，敌人的残酷“扫荡”使许多堡垒户遭到破坏，有些堡垒户的主人甚至被杀害，这使得八路军地下工作者在投宿的时候遇到了很大困难。一次，敌人刚刚来到前铺村，县大队的梁春华就带领几个武工队队员也进了村子，眼看双方就要遭遇，而且又是敌强我弱的局面。张汉卿当机立断，他说：“你们藏到我家去，外面由我应付。敌人一旦进了院子，你们该打就打，不要管我和我的家人。但有一条，你们说什么也不能投降!”最终张汉卿设法引开了敌人，保护了武工队队员。

在残酷的斗争环境中，张汉卿曾多次掩护县、区干部脱离险境，无愧模范堡垒户的称号。

二、革命老妈妈汪海珍

汪海珍出生于 1888 年 3 月，是涿县杨家坟村一个为大地主看守坟地的农户家的女儿。汪海珍13岁那年，涿县的双柳树、南蔡、北蔡、杨家坟一带的村庄兴起了义和团运动，汪海珍走出家门，参加了义和团的妇女组织。她红布包头，腰挎宝剑，扛起了“红灯照”大旗，她反洋教、抓坏人，被称为“二师姐”。不久，义和团被剿杀，汪海珍回到了杨家坟村。后经父辈介绍，与邻村的侯书坤结为夫妻，嫁到了南蔡村。七七事变后，日军发动了“涿州大包围战”，中国军队与日军在良乡、房山一带展开了激烈的争夺战。日军抽调某个旅团从黄村南下，准备偷渡永定河进入涿县，对中国军队实施前后夹击。正在永定河西岸警戒的中国骑兵发现敌情，立即隔河射击，听到枪声后，汪海珍等人赶忙带领南蔡村、北蔡村的村民前来支援。日军一时难以渡河，只得转而进犯固安县。由此可见，汪海珍等人当时就已经有了强烈的保家卫国意识。

1937年9月18日，日军占领涿县县城后，开始在各大村镇修建岗楼，对民众实行奴化统治。南蔡、北蔡、杨家坟一带是涿县东北部的边境，也是敌人的掠夺重点，农民辛辛苦苦劳动一年的收成，绝大部分被日军抢走。再加上封建地主的高利盘剥，很多农民的生活异常艰辛。随着日军进行“治安强化运动”，几乎天天抓百姓去挖沟、挖壕、建岗楼、修公路，家家遭难，苦不堪言。1938年，汪海珍的公爹和丈夫先后去世，再加上孩子年少，生活重担都压在了她的身上。1940年春，家里一粒粮食也没有了，汪海珍只得从赵姓地主家借来5斗黑豆，谁知到麦收时，赵姓地主硬是要汪海珍还10斗小麦，并说“都是收这么多的利息”。还有一次，汪海珍借了5斗玉米，秋后粮食歉收，还不起了，只得把家中仅有的6亩耕地卖掉一半，从此全家人的生活更加困苦。可即使这样，汪海珍也一直乐观地说：“天无绝人之路，坚持住，我们一定能过上好日子！”

1942年冬，村里的伪保长找到汪海珍，说：“现在城里正在招兵，让你儿子去当兵吧，保公所给6石玉米。”6石玉米相当于汪海珍家一年的粮食收成，可汪海珍却当场拒绝了伪保长，她说：“当白脖子的事甭找我们，我们饿死也不当汉奸！”

不久，八路军冀中五分区独立团进驻南蔡、北蔡一带。战士们行军打仗，鞋子都磨破了。部队首长找来伪保长，让他在村里募集几十双鞋子。伪保长表示很为难，拖延着不办。汪海珍听说后，主动接下了这项任务。她走东家串西家，到处宣传动员，她说：“八路军是真心打鬼子的部队，如今战士们的鞋都磨坏了，咱有新的拿新的，没新的拿旧的，不管怎么说，不能让战士们光着脚打仗！”在汪海珍的努力下，很快就募集到了40多双鞋子。

1943年秋，平南办事处的刘广钰、郭铁、李福生、张连甲等人到南蔡、北蔡一带开辟抗日根据地。汪海珍背着伪保长，秘密地接待了这些同志。此后，她家成了涿县路东地区第一个堡垒户，她也成了八路军的秘密交通员。同年，55岁的汪海珍经中共地下党员侯宝泽介绍，光荣地加入了中国共产党。

南蔡村有日伪军的一个岗楼，驻有伪军一个排的兵力。为确保县、区干部的安全，汪海珍动员全家挖了一个能容纳五六个人的地窖。两年后，全村挖通了地道，汪海珍家的这个地窖成了全村地道网的一个节点。

县、区干部李景森、刘广钰、郭铁、李福生、张德峰、张志芳、赵哲、白犁平、李书简、苏维正等 50 多人都曾在汪海珍家住过。汪海珍把县、区干部当作自己的亲人，不管自家多困难，总是想尽办法给同志们做点好吃的饭菜；不管自己多忙，总是先给同志们缝洗衣服；遇到危险时，她总是挺身而出给同志们做掩护。大家都亲切地称她为“侯大妈”。

1944 年夏，平南办事处发展地方武装，组建区小队。区小队队长张连甲对汪海珍说：“让你家宝林参加区小队吧！”汪海珍犹豫了一下，说：“让弟弟宝祥去吧，宝林媳妇快生了，他走了家里吃水都困难。”刚满 17 岁的侯宝祥知道后非常高兴，他说：“我早就想当八路军了！”之后他又找了个伙伴，二人一起到区机关临时驻地陶营村参了军。

时隔半年，区长张德峰动员侯宝林到区政府工作。侯宝林和母亲商量，汪海珍说：“去吧，给咱穷人家争口气、撑撑腰，家里的活儿你甭惦记，你自个儿多注意，千万别出错。”于是，侯宝林就到区政府当了助理员。

1945 年春，涿县小清河以东村庄的伪组织全部被摧毁，屯子头、南蔡、北蔡、长安城一带成为抗日根据地。汪海珍不仅担任了村支委和妇联主任，还参与建立了农救会、妇救会、武委会等组织，带头并发动村民献军粮、做军鞋，全力支援子弟兵，为支持抗日做了大量工作。

1945 年 6 月，涿良宛县大队扩兵，汪海珍带头把她身边年仅 14 岁的孙子侯德全送到了县大队，同时还动员堂侄侯宝忠也参加了县大队。

1946年冬，国民党挑起内战，到处抓捕共产党干部。汪海珍被迫离开了自己曾作为堡垒户的家，开始四处流浪。她曾住在村外的破庙和树林中忍饥挨饿，后被县独立营营救。

1947年，斗争形势更加残酷，汪海珍不得不转移到大清河以南，躲避在任丘县青塔村。

1948年12月，涿县解放，汪海珍回到南蔡村。这位抗战时期的堡垒户代表，继续担任村妇联主任一职，为新农村建设做出自己的贡献。

1978年2月，汪海珍病逝，享年90岁。

第十一章　全面反攻，打击日伪军

1944 年，日军兵力不足的问题日益突出，日军的封锁线只能依靠深沟高垒，大部分碉堡由伪军驻守，抗日武装的作战行动由高度分散逐渐转为相对集中。武工队深入敌后，采取奇袭和利用伪军、伪职人员做内应，歼灭或逼退困守在碉堡中的伪军。根据地人民武装创造的地雷战、地道战、交通战等作战方式，有力地打击了日伪军。为夺取抗日战争的最后胜利，根据中共中央的指示，根据地采取了一系列重要措施，并进一步加强了抗日民主政权建设。

第一节　开展平南斗争

1944 年 1 月下旬，七字工委和七字办事处依托第二联合区的刘各庄、南化各庄、北化各庄、曹各庄等村，逐渐向北发展。1944 年 3 月，经中共冀中十地委批准，将中共大宛安永固涿良工作委员会改称中共平南工作委员会，将大宛安永固涿良办事处改称平南办事处。

一、争取日伪“上层人物”

平南办事处主任刘广钰率领部队相继开辟了涿县码头区、良乡窑上区和宛平庞各庄、榆垡两个区。

在涿县东北部的长安城一带进行根据地开辟工作时，平南办事处首先和长安城村的“三山一霸”建立了联系，之后通过“三山一霸”中的“上层人物”张成山，与码头日伪军据点建立了联系，并且和伪军大队长裴宏远建立了统一战线。裴宏远默许八路军在当地活动，这样一来便顺利打开了创建抗日游击根据地的局面。

平南办事处还与赵村大地主伪联保主任宋雅高、石垡村大地主伪联保主任贾秀山、陶营村大地主伪保长王汉池等“上层人物”取得联系，向他们讲明中国共产党的抗日立场，晓以民族大义，动员他们要“身在曹营心在汉”，要暗中帮助抗日。由于争取到了一部分“上层人物”的支持，抗日武装和党政工作人员可以在部分村庄秘密宣传《抗日救国十大纲领》和党的统一战线政策，使广大群众逐渐认识到共产党八路军是真正抗日的队伍，为根据地的开辟创造了条件。

二、建立平南县

1944 年春，平南第二联合区已发展到北宁铁路以南、平大公路以东的南各庄、大辛庄、北顿垡、加禄垡一带的村庄。在涿县、良乡、宛平 3 县交界地带的永定河两岸相继建立起第三、第四两个联合区。冀中十分区派刘秉彦率四十三区队的两个大队来到平南，驻防在长安城，并到永定河东岸开展对敌斗争。不久，四十三区队袭击了榆垡据点，又攻克了白家务据点，还逼退了南各庄、田古营、北寺垡等村的敌人，第一联合区的工作得以恢复。

1944 年 5 月，平南抗日根据地开始重点向铁路以北的青云店发展。为加强对路北抗日战争的领导，建立了第五联合区，并组建了区小队，其活动区域不断扩大，青云店、采育一带的部分村庄相继建立了两面政权，并逐步向海子里发展。

1944 年夏，平南一带的日军发现当地的伪自卫团不但不打八路军，还为八路军办事，于是命令伪县政府将各伪大乡自卫团的枪支造册登记，限期上缴。为了得到这批武器，中共平南工委和平南办事处决定配合四十三区队，与伪军展开争夺战。8 月，敌工人员获悉，被伪军收去的部分枪支存放在长辛店伪警察署，平南办事处和四十三区队决定先侦察后夺枪。8 月 25 日晚上 11 时，四十三区队三大队突袭了长辛店伪警察署，俘虏了值班伪警，缴获 500 余支长短枪和一批弹药，不仅装备了抗日部队，同时也使得伪自卫团基本瓦解。

平南办事处为了巩固路南局势，同时也为了深入开辟路北地区，决定配合四十三区队突袭青云店镇。青云店镇除了有少数日军驻防以外，还有伪军的一个中队，并建有岗楼。1944 年 8 月 17 日，四十三区队三大队从路南秘密转移到路北，之后部队进入青纱帐。8 月 18 日下午，四十三区队的队员化装成伪军，打着“太阳旗”进入了青云店北门。四十三区队的尖兵班首先闯进了伪警察分局，随即控制了制高点，后续部队相继按预定计划进入阵地。伪军企图顽抗，四十三区队用猛烈的火力将其压制住，20 余名伪警察被俘，缴获长短枪 40 余支。这次战斗胜利后不久，又开辟了平南到冀东区的地下交通线。

1944年10月，平南县建立，原平南办事处管辖的区域划归平南县。平南县的建立，标志着平南一带已由敌占区变成了抗日游击区。党员干部及抗日部队可以在一些村庄公开或半公开地进行活动，若干小块隐蔽的抗日根据地已经建立起来，县、区、村三级政权也逐步建立了起来。1944年12月中旬，四十三区队四大队与平南县大队合编为平南支队，下辖两个大队，共300余人。

第二节 房涞涿平原歼敌

1944年，平西抗日根据地军民趁日军从华北抽调兵力，收缩防线，重点守备之际，向日军发起了攻势。不断攻克日伪据点，收复失地，使敌占区变为游击区，游击区变为巩固区。

一、房涞涿地道的形成和作用

地道来源于地洞，初期在敌占区开展游击活动，常会遇到日伪军的“清剿”。形势特别紧张时，就利用群众家中的白菜窖、白薯窖藏身，掩护了不少革命干部和群众。自1944年春开始，房涞涿平原地区开展了大规模的群众性挖地道活动。

1944年春，中共房涞涿县沟线外工委根据冀中地区抗日军民开展地道战的经验，并结合房涞涿平原挖地堡、暗洞的实践，要求抗日军民把地堡发展成为可藏身、可转移，又可作战的“地下村庄”，使它成为开展平原游击战的可靠依托。之后又提出了挖地道要由点连线、由线连网、村村相连的要求。地道内部还要挖出防烟、防水、防毒气的通风口，修建防止日伪军搜查的翻口、卡口、陷阱等，有条件的村庄还可以挖出双层或多层地道。1944 年三四月间，在马踏营、前铺、后铺、东古邱、西古邱一带挖出了很多规范化的地道。五六月间，更大范围的群众被发动起来挖地道，在较大规模的村庄，每天都有数百名群众参加挖地道。在横岐、孙庄、兴盛屯、三城、庄头、东城坊、西城坊、二站、东古邱、西古邱、韩村、碑资、榆林、赵各庄、高村、北辛庄、张翠台、祖各庄、宋各庄、吴各庄、王家庄等村都挖成了比较完整的地道。

在挖地道的过程中，广大人民群众充分发挥了主观能动性，进行了很多具有创新性的活动。为解决在竖井中提土的问题，群众在井口装上了滑轮，提土又快又省力；在地下巷道内特制了小拉车，解决了运土的问题；为解决地道内施工时照明的问题，有人发明了曲光反射照明法，用镜子把阳光反射到地道内。

挖的最好的是前铺村和庄头村的地道，这两个村挖的地道是能藏身、能行走、能打仗的战斗型地道，家家有洞口，全村人都能到地道中躲避日伪军的搜查，同时又能出其不意地打击日伪军。前铺村的地道总口在村中大街路北王家大院的正房内，屋顶上有瞭望哨楼，既能观察日伪军的动静，又能架起机枪射击。在地道通往村口的地方修有暗堡枪眼，可以直接向闯进村口的日伪军射击。日伪军来“扫荡”时，抗日军民先在地面、屋顶、瞭望哨楼上打击敌人，打不赢时就钻进地道。日伪军进村后，村中的军民可以随时从最不显眼的地方钻出来，与日伪军短兵相接，杀得日伪军措手不及，使得日伪军再也不敢轻易到前铺村去。

房涞涿地区的抗日军民将最早挖的地堡、藏身洞，逐步发展成能藏身、能行走、能作战的战斗型地道，直至利用地道与日伪军开展地道战。在广阔的平原上，造成日伪军进不能进、退不能退的困境，这是房涞涿平原地区的广大人民群众用聪明才智抗击日伪军的光辉事例。

二、两支武工队挺进路东

1944年7月末，中共房涞涿县委在十渡村召开沟线外工委会议。会上决定：由平原各区抽调力量，组建两支武工队，向涿县铁路以东地区出击。董一欧为城南武工队队长，陈辉为政委，崔光为城北武工队队长，刘民为政委。

8月中旬，城南武工队从苍牛屯村越过平汉铁路，城北武工队从大营村越过平汉铁路，两支武工队同时向东进发，约定3个月后在大清河会师。

城南武工队一行20人，翻过铁路后，悄悄进入苍牛屯、国家务、大树楼桑、海深塘、马官屯等村，秘密进行开辟工作。武工队在海深塘村活动不过10天，竟然5次遭到日伪军的袭击。有一天，陈辉、李增尧等人正在海深塘村的王家开会，再次遭到涿县县城内的日军和松林店伪警察的合击，有三四人负伤。武工队对连续遭袭事件进行了认真分析，判断出肯定是有人为日伪军通风报信，决定派李增尧、周永旺各带一人，分别到海深塘村进行深入调查。过了没多久，果然发现有个女特务住在海深塘村。查明情况后，陈辉带着李增尧等3名战士化装进村，直奔女特务居住的大北屋，将她拉到村外进行了处决。

两天后，铁路以东的 40 多个村庄出现了八路军处决日本女特务的布告。

城南武工队对日本特务采取的是坚决的处理态度，而对于可以争取的伪军，则采取了更为灵活的工作方法。一天，李增尧来到徐里营村，找到正在赶修炮楼的伪军小队长师振武，把武工队政委陈辉写的一封信交给了他。师振武是涿县石家务村人，家有七旬老母，哥哥师振清在一年前被日军杀害，他早有弃暗投明之意。看过陈辉的信，师振武决定两天后与武工队会面详谈。在徐里营村村外的高粱地里，董一欧、陈辉给师振武讲了八路军从局部反攻到全面反攻的大趋势，劝说他应该尽早加入抗日队伍。4 天后，师振武给附近炮楼的伪军发出了以“有良心的中国人，再也不能干丧尽良心的勾当了”为内容的信件，并炸毁了刚修建完工的徐里营炮楼。伪军们纷纷解散回家，师振武也到外地参加了八路军。

在城南武工队胜利东进的同时，城北武工队在南营、东洋合庄、西洋合庄、张村、向阳、保安庄一带也扎下了脚跟，并建立起了抗日区公所，称房涞涿县第八区，崔光任区长，刘民任区委书记，并建立起一支 40 余人的区小队。一天，城北武工队得到情报，刁窝据点的伪军要到向阳、张村一带抢粮食。清晨，崔光把队伍带到了向阳村渡口的东侧，在拒马河南岸的高粱地里埋伏，准备偷袭伪军。武工队的队员们从清晨一直等到下午 5 时，却仍不见伪军的人影，就当崔光准备下令撤退时，突然，渡口处的观察哨晃动起了镰刀，打出了发现伪军的信号。只见伪军一行 20 多人，有的倒着背着枪，有的抱着枪，一个个无精打采地向渡口走来。区小队队长刘建章一声枪响，武工队队员似下山的猛虎，迅速从高粱地里杀出，径直扑向伪军。伪军被突如其来的喊杀声吓破了胆，纷纷扔下枪逃命。

向阳村渡口伏击战缴获步枪 20 多支，活捉伪军 14 人，对其进行教育后，就地释放。这一仗不仅极大地震慑了向阳村附近的日伪军，还使得向阳村一带的伪大乡乡长们纷纷主动找到武工队，要求与武工队建立联系。向阳伪大乡的乡长郭兴就主动找到崔光，要求为武工队安排食宿，并向武工队介绍了周围各村日伪军据点的情况。码头伪大乡的乡长也派人来和武工队建立了联系。

东关村的伪大乡乡长是个顽固分子，城北武工队曾三番五次地警告他，可他就是拒不合作。崔光和刘民商议后，决定要教训他一下。于是，武工队兵分 3 路进入东关村，以送柴为名叫开了大门。伪大乡乡长一见势头不对，急忙跳墙逃跑了。武工队的队员们带走了东关村伪大乡的所有文件和一部电话机，并在伪大乡公所的大门上贴了告示，又在大街上贴上了标语后，迅速返回了驻地向阳村。

城北武工队夜袭东关村伪大乡公所的消息不胫而走，传遍了涿县城乡，而且越传越厉害，这着实吓坏了东关村的伪大乡乡长。第二天，他就赶忙派人将抗日款送到了城北武工队的驻地。

向阳村渡口伏击战、夜袭东关村伪大乡公所的胜利，使伪军们只得龟缩在岗楼里，不敢轻易出来骚扰百姓。

不久，城北武工队又夜袭了日军的琉璃河水泥厂。琉璃河水泥厂是日军的一个重要军事建材基地，有一个连的日军把守。一天夜里，城北武工队来到水泥厂，刘民首先指挥机枪手打掉了厂房上的探照灯，接着部队发起猛攻。日军一开始还能慌忙还击，到后来就龟缩在碉堡中，一枪也不敢放了。武工队队员刘月海带领两名战士围着厂区打冷枪，崔光则带领其余人员冲进厂房，毁坏了机器设备，并张贴了标语、布告。午夜时分，武工队撤出战斗。第二天，日军调来大批兵力护厂，就连码头据点的伪军也被派来护厂。

城北武工队趁码头镇伪军兵力空虚之际迅速东进，来到大清河畔后，在望海庄村与城南武工队会合。

1944 年 10 月，房、涞、涿 3 县分建，中共涿县委员会在房山十渡村成立，出击路东的两支武工队奉命撤回山区根据地。

三、宁村歼敌战

1944 年初，五区区长陈琳率领一支精悍的武工队，秘密深入涿县县城附近的边各庄、宁村、大马、小马等村发动群众，进行开辟工作。

一天，陈琳带着区抗联主任张文雅、区武工队队长阎占江、区武工队班长李殿如和战士李增武、张福林等人来到宁村，在一刘姓百姓的家中召集伪保长开会。会后已是深夜，陈琳一行人离开刘家，转移到村北的米永和家歇宿。来到米永和家后，陈琳不顾一天的疲劳，在院子四周转了一下，仔细观察了地形，这是他多年来打游击养成的习惯。看完地形，陈琳才回到西屋安歇。

第二天午后，哨兵李增武跑来报告，说在村外发现了伪军。下午 3 时，宁村的街道响起了枪声，接着砸门声、狗叫声响成一片。米永和从北屋跑出来，对陈琳说："我出去看看动静，你们可千万别动手！"米永和走后一直不见回来，武工队的队员们觉得情况不妙，一双双眼睛都注视着陈琳。陈琳身上披着米永和的大棉袄，手里紧握着短枪，他沉思着。突然，陈琳抬起了头，命令大家做好战斗准备。

原来，昨夜武工队在刘家开完会，第二天上午就有人进县城报了信。午后，伪警备大队队长曾宪章和日本翻译官带着300多伪军直奔宁村而来。进村后，曾宪章派两个中队把守住东、西街口，又派一个中队直扑刘家抓人。伪军在刘家翻腾了半天，却不见八路军的人影。下午4时，伪军听说八路军的区长在米永和家，100多伪军便迅速包围了米永和家。一开始，曾宪章站在门外鸣枪，想要引诱八路军突围。可一直不见院内有动静，曾宪章就让伪军们在大门外乱喊乱叫起来。

这时，武工队正在屋内沉着应战。陈琳手握短枪，透过门缝观察着伪军的动静，阎占江、李殿如荷枪实弹守在房门两侧，李增武、张福林把枪架在窗台上，随时准备开火。张文雅手里举着手榴弹，双眼紧紧地盯着窗外。站在门外的曾宪章见院子里一直没有动静，便带着两个护兵闯了进来，想要亲手抓住八路军的区长，回城请功。当曾宪章走进二门门楼时，见院内仍是无声无息，他犹豫了起来。为了保命，曾宪章返身走出了大门，并高声发号施令："弟兄们冲进去，抓着活的有赏！"可伪军们没有一个敢动的。曾宪章无奈，只得带着护兵离开了米永和家的大门，绕到院子北面的篱笆下，他让护兵推开篱笆，带头钻进了二门外的院子。这时，陈琳在房里大喊一声："不要命的就冲进来吧！"话音未落，几颗手榴弹就同时从房里飞了出来，相继在二门外炸响，顿时烟尘四起。伪军们被突如其来的喊声和手榴弹的爆炸声吓得魂不附体，四散逃命，曾宪章也转身钻出了篱笆墙，向村北跑去。

陈琳带领武工队队员凭借着手榴弹爆炸腾起的烟雾，跳过院墙，冲出了包围圈，却正巧与拼命逃跑的曾宪章相遇，阎占江一个箭步冲过去，结果了他的性命。

这次宁村歼敌战，打死了伪警备大队队长曾宪章，为涿县百姓除掉了一大祸害，对日伪军产生了极大地震慑。自此，日伪军特务再也不敢轻易出据点祸害百姓了。

第三节　开始大反攻

自 1944 年春开始，抗日根据地先后转变为对日军的局部反攻。房涞涿县的斗争原来只限于与伪军交界的边缘地带，此时的抗日军民已越过封锁线，深入日伪占领区，由原来的“坚持山地”变为“指向平原”。在中共房涞涿县委的带领下，房涞涿县的游击战首先在房山、涞水、涿县交界的平原地区展开。

一、护麦伏击战

太平洋战争爆发后，日军兵力不足，物资缺乏，粮食储备减少，涿县县城内的日伪军更是经常出现缺粮少食的情况。1944 年夏，涿县的小麦长势良好，中共房涞涿县委发出指示，要求县、区干部深入群众，充分发动群众，抓紧时机做好小麦的收割工作，并要求县大队集中力量开展护麦斗争。与此同时，涿县伪县长王锡宠和日本顾问官密谋，想要趁农村小麦收割之际，集中兵力到抗日根据地抢夺小麦。

6 月 25 日，县大队队长肖炳林收到涿县县城内送出来的情报，日伪军明日就将到达城坊一带。肖炳林和县大队副政委鲁鸣、副队长张德顺、区长陈琳等人研究了具体的作战方案。深夜，涞涿平原上万籁俱寂，鲁鸣带领一连战士和部分民兵埋伏在边各庄村村外烟波浩渺的麦海中，在公路两旁警惕地监视着日伪军的动静。26 日早晨 7 时，涿县县城外腾起滚滚烟尘，抢夺小麦的日伪军出发了。前来抢夺小麦的有日军 200 多人、伪军 500 多人、汽车 12 辆、马车 50 多辆，敌人浩浩荡荡地沿着公路向西走来。大约一个小时后，日伪军经过埋伏点，鲁鸣命令战士们一齐开火。本就胆战心惊的日伪军根本无心恋战，一听到枪声便一窝蜂似的向西逃窜，一口气跑到了马踏营村的河套地区。日伪军刚要歇脚，埋伏在丛林、麦田中的区小队和民兵，在陈琳的指挥下，又冲杀了出来，迫使日伪军只得继续向西逃窜。

日伪军被县大队追赶得魂飞魄散，跑了一天的路，不但一粒麦子没抢到，当天也没敢返回县城，700 多人只得挤在孙庄据点过夜。天黑以后，县大队连长梁春华带领部分战士围着孙庄据点打冷枪、燃放鞭炮，吓得日伪军一夜没敢合眼，提心吊胆地挨到了天明。

在梁春华等人骚扰日伪军的同时，县大队重新调整了兵力部署。张德顺带领县大队二连赶到后铺村，鲁鸣带领县大队一连去到东古邱村，肖炳林带领县大队三连进入前铺村，完全卡住了日伪军的回城之路。

6 月 27 日，天刚蒙蒙亮，日伪军便立即动身，准备撤兵回涿县县城。日伪军的先头部队刚到后铺村村外，埋伏在麦田中的二连战士就发起了进攻，打得日伪军扭头扑向了前铺村。敌人想要以前铺村的房舍作为掩护，与县大队拼个鱼死网破，不料正碰上县大队队长肖炳林，日伪军一听到“肖炳林”的名字，顿时阵脚大乱。这时，埋伏在东古邱村的鲁鸣命令战士们开火，县大队一连和三连，分别从东古邱村、前铺村两个方向夹击日伪军。五区区小队和民兵也全部投入了战斗，日伪军顿时乱作一团，最终只得向东南方向的岐沟据点逃去。上午 10 时，战斗结束，共毙伤日伪军 70 多人，缴获长短枪 60 多支、大车 20 多辆，彻底粉碎了涿县日伪军的抢麦阴谋。

二、拔除敌人据点

（一）拔除南蔡据点

南蔡村的伪军据点一开始设在地主杨春仁家，因其位置偏僻，房屋低矮，后迁往村中地主杨庆太家。伪军小队长王玉树带队在此驻守，并在杨庆太家西房南边的拐角处和北房东边的拐角处各修筑了一个岗楼。

1944 年一天的午后，南蔡村的共产党情报人员侯裕民（本名侯宝琳）来到韩家铺村，向七字工委的敌工委员徐践汇报了南蔡村岗楼的人员、装备情况，以及岗楼的周边环境。次日凌晨，八路军包围了南蔡村岗楼，并通过喊话劝降了南蔡据点的伪军。最终八路军没费一枪一弹就端掉了南蔡村的岗楼，拔除了南蔡据点，南蔡村自此成为游击区。这次战斗，共缴获轻机枪 1 挺、手枪 1 支、冲锋枪 3 支、步枪 27 支、手榴弹 40 余枚、子弹 900 多发。

（二）拔除葱园据点

涿县县城以北的葱园村西北角有个炮楼，炮楼虽不算高，但却十分牢固，县城里的日军害怕武工队的奇袭，不敢长期驻守，只得让汉奸和伪军把守。

1944年，按照平西军分区领导关于拔除葱园据点的指示，房涞涿县大队队长肖炳林、薛文玉等人经过商讨，决定采用智取的方法。先派出化装成老乡的侦察员，摸清敌情，掌握敌人的活动规律，然后活捉几个伪军，最好是能把伪军小队长抓住，最后将抓回的伪军交给根据地政府处理。侦查员摸清敌情后，按照既定方案，这天夜里10时左右，埋伏在炮楼下面的县大队战士活捉了3个出来上厕所的伪军。经审问，其中一人竟然就是伪军小队长。之后，中共房涞涿县委决定对3个伪军召开公审大会，会址选在张坊村的一个打谷场上，有抗日军民四五百人参加，现场群众纷纷控诉伪军的罪行。审问结束，县委领导宣布立即对伪军小队长执行死刑，念及另外两个伪军并非罪大恶极，且认罪态度较好，向他们宣讲了中国共产党的抗日政策后，放他们回了家。公审大会后，葱园据点剩下的十几个伪军有的辞职回了家，有的跑回了县城，葱园炮楼再也无人看守。

（三）奇袭义安据点

义安据点设在拒马河义安大桥的东侧，据点里驻扎着伪军的一个中队。义安据点的中央修有一座层楼式的大碉堡，据点外有六七米宽、十几米深的大沟，沟旁有若干小炮楼组成的碉堡群。伪军日夜放哨警戒，出入据点必须通过吊桥，可谓是一座易守难攻的要塞。

1944年7月初，房涞涿县大队队长肖炳林通过据点内的线人赵义了解到据点内有一条通往义安村的地道，地道口就在伪军中队长李东山情妇家的炉坑里。一天夜里，县大队派出两个连的兵力包围了义安据点，肖炳林带领30名战士顺着地道进入了据点，警卫班的伪军在睡梦中就当了俘虏。有个伪军企图反抗，被县大队的战士一枪打死。枪声一响，整个据点顿时乱作一团，李东山提着裤子跑出屋外，刚一出门，就被肖炳林逮了个正着。就这样，县大队顺利地拔除了义安据点。

（四）巧克孙庄据点

1944年7月12日清晨，小雨绵绵，房涞涿县大队队长肖炳林带领两个连的战士进入孙庄村，恰巧遇到孙庄据点出来买菜的伪军司务长崔景瑞。崔景瑞是县大队的内线，与根据地保持着秘密联系，送出过不少情报。当他得知县大队此次前来的意图后，便让县大队的侦察员换了便衣，众人直奔孙庄据点。

孙庄据点驻扎着伪搜索大队，队长是1940年秋带队叛变投敌的张庆云。张庆云投敌后，曾多次带着日本特务搜捕抗日军民。他当上伪搜索大队队长后，更加不可一世，变本加厉地勒索百姓，欺男霸女，无恶不作。

县大队来到孙庄据点后，崔景瑞让3名战士化装成卖菜的百姓，他叫开据点大门，3名战士跟着崔景瑞走过吊桥，进入了据点。之后在肖炳林的指挥下，趁站岗的伪军哨兵还没弄明白情况，县大队一齐涌向据点，仅用了几分钟，据点里的60多个伪军就全部成了县大队的俘虏。县大队一枪未放，便拿下了孙庄据点。正在姘妇家里鬼混的张庆云听说据点被攻克，开枪自杀身亡。

县大队拔除了房涞涿平原地区的一颗“大钉子”，为抗日军民铲除了一大祸害。

（五）智取横岐据点

拔除孙庄据点后，房涞涿县大队队长肖炳林和侦察员一起来到孙庄村药铺，与横岐据点的内线田继勇见面，共同商讨拔除横岐据点的具体战斗方案。田继勇是抗日民主政府的地下工作者，公开身份是横岐据点的伪军班长。田继勇回到据点后，便开始在伪军中传播八路军如何厉害，一枪未放就拿下了孙庄据点，使得伪军们惊恐不安。与此同时，县大队侦察员也悄悄地潜入据点周围，剪断了横岐据点的电话线，切断了据点与外界的联系。

1944 年 7 月 15 日，午后的天气格外闷热。横岐村的伪保长张兴义（共产党员）、西疃村的伪大乡公所杂务员田祥（共产党员）带着以伪大乡乡长田保申名义写给横岐据点中队长的信，领着化装成老百姓的 3 名县大队战士来到据点门前的吊桥下叫门。按照之前制订的计划，守卫在门口岗哨旁的田继勇立刻命人放下吊桥，打开大门，之后他拿过田祥手中的信，跑上炮楼，向伪军中队长周小平报告。周小平只顾打麻将，头也不抬地说："让他们进来吧！"当 3 名战士进入据点后，潜伏在据点前面高粱地里的县大队，在肖炳林的率领下迅速冲入据点。当肖炳林冲上炮楼大喊"缴枪不杀"时，伪军们都吓呆了，看到八路军从天而降，他们都只得乖乖地举手投降。横岐据点就这样被拔除了。

（六）不战而散的岐沟据点

房涞涿县大队相继拔除了义安、孙庄、横岐等地的伪军据点，使得伪军惊恐万状，整日风声鹤唳，一有风吹草动，就以为是八路军来了，吓得想要赶快缴枪投降。

1944年7月底的一天，岐沟据点的伪军司务长出来买菜，正碰上县大队的侦察员常庆，两人有过一面之交，便攀谈起来。常庆对这个伪军司务长说："前几天，义安、孙庄、横岐等几个据点都让八路军给连锅端了，你们岐沟据点也要加点小心，我给你透个信儿，你可得多长个心眼儿。"这个伪军司务长回到据点后，把这些话一五一十地对自己身边亲近的弟兄们都说了，最后还不忘叮嘱他们："可得多长个心眼儿啊！"说来也巧，就在这天夜里，狂风大作，风雨交加，岐沟村一户农民家里的牲口棚被刮倒了，几头牲畜跑了出来。听到牲畜四蹄落地的声音，伪军们以为是八路军来进攻岐沟据点了，那个伪军司务长高声大喊起来："八路军来了，快跑啊！"就这样，岐沟据点里的伪军四散逃命，只剩下了空空的据点。

（七）火烧常村据点

1944年8月初，房涞涿平原上只剩下了常村的一座伪军据点。常村据点的伪军中队长刘歪脖，听说其他据点都被拔掉了，恨不得立刻撤回涿县县城。但是没有上面的命令，他又不敢行动，只得孤军自守混日子。不过刘歪脖也吸取了义安、孙庄、横岐等据点失守的教训，不许一个百姓进入据点，整日吊桥高挂，无形中增加了拔除这个据点的难度。

中共房涞涿县委书记陈洪新到山外平原检查工作时，五区区委书记陈辉、区长陈琳向县委汇报工作，提出了拔掉常村据点的想法，并认真分析了敌我形势。常村据点驻有伪军的一个中队，共40多人，配备2挺机枪、40多支步枪。而五区区小队只有十几支步枪和少许手榴弹，县大队又到外地执行任务。在这种情况下若是采取强攻的方式，损失太大，因此众人决定智取常村据点。

陈辉先带人来到常村，让民兵在据点周围散发传单，张贴标语，并设法将传单投入据点内，再用喇叭筒向据点喊话，开展攻心战。伪军中队长刘歪脖本来就整日提心吊胆，现在更加恐慌不安，急忙派随从高晓去涿县县城找伪军大队长王旭东要求增援。

8 月 6 日，心惊胆战的高晓刚走出据点就被区小队捉住了。高晓是新城县人，经过区小队队员的教育，认清了形势，决定弃暗投明，把刘歪脖交代的任务全部说了出来。陈琳当即模仿王旭东的笔迹写了一封短信交给高晓，让他回去交给刘歪脖，并再三强调，这是他立功赎罪的机会。

高晓拿着信跑回常村据点，刘歪脖接过信，见上面写着“撤离据点，速回涿城”。刘歪脖喜出望外，急忙命令部队收拾整理，准备撤回涿县县城。

8 月 7 日，天刚刚亮，高晓就急匆匆地跑来找陈琳报告，说刘歪脖带着伪军跑了，陈琳问往哪个方向跑的，高晓说奔涿县县城方向跑的。陈琳当即决定要去追赶，陈洪新此时站了出来，他说不用追赶刘歪脖等人，马上放火烧了常村据点，然后准备打伏击。刘歪脖一进涿县县城就来向王旭东交差，王旭东见刘歪脖回来了，便质问是谁让他回来的，刘歪脖一愣，回答说是王旭东写信让他回来的，还把信掏出来让王旭东看。王旭东一看信，立马怒吼道：“你们这是上了八路军的当了，赶紧给我滚回据点去！”刘歪脖在涿县县城挨了一顿臭骂，水都没喝上一口就带着伪军赶紧往回跑。刚到韩村，就望见常村据点冒起了滚滚浓烟，气急败坏的刘歪脖一屁股坐在了地上。这时，陈琳带领区小队从青纱帐里杀出，雨点般的子弹打得刘歪脖只得带着伪军连滚带爬地又逃窜回了涿县县城。

抗日军民发起了大反攻，连续拔除了涞涿平原上的十几座据点和炮楼，使涞涿平原与山区根据地连成了一片。

第四节　建立涿县、新涿县

为适应抗日战争新发展，1944 年 1 月 20 日，中共晋察冀分局在《1944 年工作方针及任务的指示》中指出：“今年全北岳区总的方针是在巩固中发展，其中某些地区则为在发展中巩固。”中共冀察区党委、中共冀中十地委认真学习指示精神，进一步加强了房涞涿平原地区的政权建设，积极做好反攻前的部署。

一、建立涿县（路西）

随着抗日根据地的巩固与扩大，1944 年 10 月，中共冀察区党委和中共冀中十地委决定，撤销房涞涿县，设房山县和涿县。中共涿县（路西）委员会和涿县（路西）抗日民主政府设立在房山县十渡村，涿县（路西）辖区为铁路以西和涞水县山前的部分地区。中共涿县（路西）县委书记由陈洪新担任，县委工作机构设有秘书和组织部、宣传部、敌工部、城工部、民运部。涿县（路西）抗日民主政府县长由张获担任，县政府办事机构设有秘书和民政、财政、实业、教育 4 科。随之又组建了涿县（路西）游击支队和各群众团体。游击支队队长为孙庆丰，政委为陈洪新，人民武装部部长为高朴，青年救国会主任为陈辉，妇女救国会主任为贾生芹。

二、建立新涿县

1944年10月，中共冀中十地委决定，在新城县北部和涿县南部地区设置新涿县，派第一联合县政工部部长尹景芬到新城县的方官村组建中共新涿县委员会和新涿县抗日民主政府。新涿县的范围西起平汉铁路，东至大清河边，北起北拒马河，南至新高公路。包括新城县的高碑店、新城县城、方官、平景，固安县的辛桥、大辛庄和涿县的刁窝、潘各庄、柳河营、石家务、高官庄、林家屯、大树楼桑、海深塘、屈家街等日伪军控制较严密的地区。尹景芬任中共新涿县县委书记，任光为组织部部长，牛犇为宣传部部长，张馨为敌工部部长。同时尹景芬兼任新涿县抗日民主政府县长，马汝林为民政科科长。又将第一联合县五十一大队改为新涿县县大队，番号定为七十一大队，冯兆贵任队长，尹景芬兼任政委，张继宗任副政委，段景湘任参谋。

新涿县是汉奸王凤岗的反动巢穴所在地，整个区域内炮楼、据点林立，到处是封锁线。中共新涿县县委和新涿县抗日民主政府成立后，首先提出要深入发动群众，开创隐蔽的敌后抗日游击根据地。县大队按照县委的要求，积极开展隐蔽的游击活动，挨村宣传，大力发动引导群众，组织群众加入抗日队伍。各分队深入村庄，进入群众院落。白天他们各自隐蔽在堡垒户家中，夜晚深入农户，逐家宣传抗日救国的道理。

各分队在发动群众的过程中，严格执行群众纪律，尊重群众的风俗习惯，保证不损害群众利益，给广大群众留下了很好的印象，产生了积极正面的影响。苗官屯、老小庄、东下庄、西下庄、泥洼铺、大树楼桑、史各庄、鱼池、罗立营等村的群众主动为八路军放哨、带路，还把土特产拿出来给战士们吃。有的伪军主动跑来与县大队建立联系，表示愿意给县大队提供情报。在漫撒村，还有伪保长找到县大队，表示愿意为八路军做事，当个“白皮红心”的中国人。

各分队既是宣传队，又是战斗队。县大队的一个分队，在漫撒村伪保长的协助下，与群众组成游击小组，开展对日伪军的斗争。在县大队的统一指挥下，游击小组曾经仅用两个小时就割断了新高公路、涿新公路、新白公路两侧的所有电话线。

第十二章　夺取抗日战争全面胜利

1945 年初，世界反法西斯战争接近最后的胜利，日军则在华北继续收缩兵力，以“确保城市交通要道与资源地区”。根据毛泽东主席关于努力向敌占区发展，扩大解放区的指示，抗日根据地组织军民向敌占区发起了最后的进攻，根据地抗日武装奋勇作战，战果迅速扩大。1945 年 8 月 8 日，苏联对日本宣战，根据地抗日武装对日伪军也展开了全面大反攻。1945 年 8 月 15 日，日本正式宣布无条件投降，涿县终于从日军侵略者的铁蹄下解放出来。

第一节　冀中地区展开大反攻

1945 年 3 月 7 日，中共晋察冀分局发出《关于 1945 年工作的决定》，提出为了完成扩大解放区的发展目标，应做好组织武装、调查研究、整训干部和部队等工作，以便早日夺取抗日战争的全面胜利。

一、汉奸垂死挣扎

面对抗日战争的新形势，抗日军民看到了希望和曙光，而某些日伪军则是不甘心失败和灭亡，对抗日军民进行了疯狂的反扑。新城县汉奸王凤岗勾结涿县汉奸裴宏远做垂死挣扎，妄图摧毁抗日根据地。他们把永定河水经小清河引入大清河，又把新城县十里铺大桥的桥洞堵死，之后将汤家营村和双铺头村东、西两侧的堤坝挖开了30多米，致使大清河以东的大片区域变成一片汪洋，百余村庄的数十万亩小麦被淹，抗日根据地的党政军民立即投入排水抢险的战斗。

二、建立涿良宛联合县

1945年3月，为了推进平南地区的抗日战争，中共冀中十地委决定，将涿县的东北部地区、宛平县铁路以东地区及良乡县，从平南县划出，建立涿良宛县，县委和县抗日民主政府均设在庞各庄村。

中共涿良宛县委书记为刘浩，组织部部长为李允忠，宣传部部长为陈宗琪，敌工部部长为王绍彬。涿良宛县抗日民主政府县长为马迅，秘书为李志刚，民政科科长为白黎平，财政科科长为张德峰，教育科科长为文友仁，公安科科长王柱国，贸易局局长为陈毅。之后又组建了县游击大队，队长为支广西，副队长为张贝珍，政委为刘浩，副政委为翟耀清。还组建了人民抗日武装委员会，主任为苏维政。群众团体组织也相继建立，主要有工人抗日救国会，主任为杜占波；农民抗日救国会，主任为李树简；青年抗日救国会，主任为宋三洪；妇女抗日救国会，主任为国辉。

涿良宛县建立后，在县境内的部分村庄建立起了党支部。到1945年8月，涿县东北部地区的大部分村镇被收复，同时将旧州、白家务及万庄一带的村庄归回安次县；查马坊区归回永清县；固安押堤区划归涿良宛县。武装任务仍由平南支队负责。

涿良宛县的建立，不仅加强了对该地区的领导，还使对敌斗争得到了深入发展。涿良宛县大队与大兴县大队一起配合平南支队，积极主动地向日伪军展开了进攻，仅用几个月的时间，就将涿县铁路以东地区的大部分村镇收复。截至日本宣布无条件投降之时，涿良宛县与大兴县境内，除铁路沿线及县城仍被日军占领外，大部分区域都已成为解放区，为夺取抗战的全面胜利奠定了基础。

三、冀中两县进行反攻

1945年4月，新涿县县大队副队长冯兆贵、副政委张继宗，带领县大队和区小队一部，在新城县南垡上村的方官至肖官营公路两旁设伏，消灭了王凤岗部一个小队的20余人，伪军中队长梁宏图被当场击毙。

1945年5月，涿良宛县大队在平汉铁路沿线频繁展开“破交”活动，县大队和各区游击队经常与各村民兵一起，在晚上扒毁铁轨，破坏日军的运输。

为配合冀中军区部队在大清河以北的攻势，大兴支队、涿良宛支队分别在天津、北平近郊活动，以迷惑并钳制日军。

平西第十一军分区主力部队向房山、涿县外围的日伪军据点发起攻击，连续拔掉了房山煤矿区花儿沟、红煤厂、半壁店、下庄等十几个日伪军据点，并攻进了房山县城。

第二节　抗战全面胜利

一、对日最后一战

1945年8月9日，毛泽东主席发表《对日寇的最后一战》的声明，号召“中国人民的一切抗日力量应举行全国规模的反攻，密切而有效地配合苏联及其他同盟国作战。八路军、新四军及其他人民军队，应在一切可能条件下，对于一切不愿投降的侵略者及其走狗实行广泛的进攻”。8月10日，中共中央发出《关于苏联参战后准备进占城市及交通要道的指示》，同时，朱德总司令下达关于受降和对日军展开全面反攻的命令。中共中央和延安总部的指示和命令下达后，各解放区立即组织反攻大军，并向日伪军发出最后通牒，之后陆续发起猛烈的全面反攻。

在“一切为了前线，一切为了胜利”的口号下，根据地各县、区的抗日武装按级别编入正规部队，各村民兵以区、村为单位，组成班、排、连、营等战斗编制，配合正规部队围攻日伪军据点，追歼逃窜之敌。涞涿县境内的石屯、三家店、半截塔、石亭、张坊、塔照、横岐等据点相继被攻克，日伪军盘踞的涿县县城、松林店、永乐等铁路沿线城镇已成孤岛。

二、庆祝抗战胜利

1945年8月14日，雄县、涞水等地的日伪军纷纷向新城县、松林店一带流窜，企图与新城县的汉奸王凤岗合兵固守，负隅顽抗。

8月15日凌晨，冀中军区第七旅第七团兵分两路发起进攻，包围了逃窜到松林店的日伪军，涿县地方武装和各根据地的民兵也纷纷前来参战。双方激战一昼夜，直至16日清晨才结束。此次战斗共毙伤日伪军150余人，缴获山炮2门、轻重机枪10挺、步枪324支、各种弹药61箱。与此同时，新涿县县大队配合冀中十分区主力部队围攻了固安县的柳泉、牛坨等日伪军据点，共毙伤日伪军80余人，缴获各种武器103件、汽车1辆。至此，涿县境内除县城外，均已解放。

8月15日，日本天皇裕仁广播投降诏书，宣布无条件投降。此时的中共涿县县委正在临时驻地召开干部会议。听到这个消息后，与会人员群情振奋，县委书记陈洪新情不自禁地振臂高呼："我们胜利了！我们胜利了!"参加会议的县、区干部们唱起了《义勇军进行曲》，一双双眼睛都流出了激动的泪水。乡亲们听到日本投降的消息后，敲锣打鼓，载歌载舞，一起欢庆抗战的伟大胜利。

1945年8月下旬，盘踞在涿县县城的日军悄悄撤离了据点，逃往北平。至此，涿县彻底摆脱了日军的殖民统治。

第三节　涿州抗战的经验和启示

从七七事变后涿保会战失败，到1945年8月日本投降，涿州抗日军民在中国共产党的领导下，高举全民抗战的伟大旗帜，前赴后继，英勇抗战，坚持斗争，共同谱写了反法西斯斗争的伟大历史。涿州的抗战，是以军事斗争为中心的抗战，是主力部队、武工队、地方武装、民兵自卫队和涿州人民共同参加的抗战，为全国抗日战争的胜利做出了重要贡献。

一、坚持中国共产党的核心领导

七七事变后仅两个多月，驻涿抗战的国民党军队先后败退撤离，民国涿县政府成了流亡政府，涿州的抗战始终是在中国共产党的领导下进行的。中国共产党始终高举全民族抗战大旗，制定并实施了一系列正确的方针政策，指明了抗战的前进方向。

中国共产党是涿州抗战的组织者、发动者，是涿州抗日武装力量、抗日民主政权和抗日民族统一战线的领导者，更是涿州抗战胜利的核心力量。中共涿县地方党组织坚持“一切工作的推动都要经过党组织的核心作用”，坚持党的一元化领导。始终坚持抓好党的建设，不断加强各级党组织建设，党的各级组织发挥了抗战领导核心作用；始终坚持对政策实施的领导，结合抗战不同发展阶段的实际，全面贯彻落实党的政策，促进根据地建设；不断加强党对抗日武装的绝对领导，坚持抗日武装的军事政治建设；不断加强党对政权工作的领导，把各级政权建设成为在中国共产党领导下的进步的、民主的、统一的政权；不断加强对群众抗日团体的领导，发挥群众抗日团体在抗日战争中的积极作用。总之，正是坚持了中国共产党的领导核心地位，才保证了涿州抗战的胜利。

二、建立坚强的人民抗日武装

“没有人民的军队，便没有人民的一切”。七七事变后，国民党军队先后溃逃出涿州地区，致使涿州地区失去了抵抗日军侵略、保卫人民生命财产的军事支撑。

七七事变后，中国共产党先后组建了涿县抗日救国军、武工队、游击支队、涞涿独立营、县大队、青抗先、模范队、自卫队等地方抗日武装，形成了正规军与地方抗日武装相结合的人民抗日武装力量。正是依靠人民军队和地方人民武装，依靠伟大的人民战争，才开辟了抗日根据地，建立了抗日民主政权，并先后多次粉碎了日军大规模的军事“扫荡”，不仅有效地牵制和沉重地打击了日军，还保卫了人民的生命财产安全。

抗日战争中，奋战在涿州地区的八路军、游击队、武工队的指战员，克服艰难险阻，不怕流血牺牲，英勇战斗，许多英烈为抗战胜利献出了宝贵生命，他们的精神将永存。

三、建立人民拥护的抗日民主政权

革命的根本问题是政权问题。涿保会战失败后，驻涿日军在涿县建立了伪政权，涿县人民陷入了日军和伪政权的双重欺压和蹂躏之中。中国共产党先后建立了房涞涿县、涞涿县、涿固新县、新涿县、涿良宛县等县委、县政府，以及区、村各级抗日民主政权，积极动员组织涿县各界同胞，抗击日军，保卫家园。抗日民主政权在与强大的日伪军进行的政治、经济、军事、文化等方面的斗争中发挥了重要作用，为抗日战争的最终胜利奠定了坚实基础。

四、涿州人民是伟大的人民

涿州抗战的胜利离不开涿州广大人民群众的支持，人民群众是涿州抗战胜利的源泉和动力。涿州地区的贫苦农民，祖祖辈辈靠种地为生，受尽了封建地主阶级的剥削、土豪劣绅的掠夺、土匪的欺压，对日伪充满仇恨，对共产党、八路军充满希望。通过宣传动员，涿州人民明白了抗日救国的道理，之后积极配合共产党、八路军和抗日民主政权开展工作。在涿州地区的抗日战争中，涿州人民是实行人民战争、赢得抗战胜利的重要保证，为涿州抗战的全面胜利做出了巨大牺牲。

五、伟大的抗战精神是宝贵的精神财富

2014 年 9 月 3 日，习近平总书记在纪念中国人民抗日战争暨世界反法西斯战争胜利 69 周年座谈会上的讲话中指出：“在中国人民抗日战争的壮阔进程中，形成了伟大的抗战精神，中国人民向世界展示了天下兴亡、匹夫有责的爱国情怀，视死如归、宁死不屈的民族气节，不畏强暴、血战到底的英雄气概，百折不挠、坚忍不拔的必胜信念。”

涿州人民在中国共产党的领导下，在伟大的抗日战争中涌现出了张廷瑞、陈辉、陈琳、肖炳林、闫占江等革命先烈和抗日英雄。伟大的抗战精神是涿州人民弥足珍贵的精神财富，将继续激励涿州人民在建设社会主义强国的过程中，紧扣“京畿强市、美丽涿州”的主题，牢牢把握“强市、壮企、富民”的根本目的，为实现两个一百年的奋斗目标而努力前行。

第十三章　抗战英烈永垂不朽

第一节　抗日烈士

一、中共房涞涿县委书记——那恕

那恕（1914—1938），辽宁省沈阳市人。九一八事变爆发时，那恕正在沈阳文会中学读书，为寻求抗日救国之道，他毅然离家到北平继续读书，不久在学校秘密加入了中国共产党。七七事变爆发后，那恕参加了国民抗日军，在司令部任秘书一职。1938 年 5 月，那恕被委任为中共房涞涿县委书记。6 月 4 日，那恕被叛徒董凤海杀害在机关驻地。

二、房涞涿县县长——佟旭野

佟旭野（1909—1941），又名佟历生，辽宁省锦西县人。1930

年，佟旭野考入北平中国大学，是“一二·九”学生运动的骨干。七七事变后，佟旭野加入了赵侗领导的国民抗日军，在战火中他秘密加入中国共产党，成为西山游击队的骨干。1937年10月，国民抗日军改编为八路军晋察冀第五支队，佟旭野先后任队长、政治指导员等职。1938年5月初，佟旭野被委任为房涞涿县县长。在6月发生的“紫石口事件”中，佟旭野被俘，后被王捷三部下解救。1940年2月，佟旭野调任宣涿怀县县长。在残酷的斗争环境中，他发动群众开展民主建设、减租减息和民族统一战线工作，创办了全县第一所抗日学校，并任名誉校长。10月，日军对平西抗日根据地进行“扫荡”，佟旭野被敌人抓获。他受尽折磨，抱定为国捐躯的决心，同敌人进行抗争，于1941年春惨遭杀害。

三、抗日救国军组织者——于振坛

于振坛（1913—1938），涿县上胡良村人。1931年，于振坛在涿县简易师范上学期间，被国民党县党部的中共地下党组织发展为涿县第一批中国共产主义青年团团员。1932年，涿县简易师范建立团支部，于振坛任组织委员，开展抗日救国宣传活动。中共地下党员魏颂尧、宋化丰被捕后，反动当局开始到处抓捕革命骨干，于振坛被迫离开涿县，参加了东北军骑兵二师学生宣传队，不久加入中国共产党。

七七事变后，于振坛从延安回到涿县，与张廷瑞等人一起组织了涿县抗日救国军，并担任指挥员。于振坛带领队伍在挟河桥截击日军汽车，在南营铁路上奇袭日军轧道车，在冯村村东击毙日本军官和士兵，在王家坟和三步桥村的村边公路袭击日军运输队，并击毙日军大队长坂田中佐。1938 年 9 月，日军发动“大扫荡”，抗日救国军死伤惨重。突围后，于振坛部仅剩 10 余人撤至黄山店附近，后遭到敌人暗算，于振坛胸部中弹，壮烈牺牲。

四、虎胆英雄——傅德才

傅德才（1913—1939），又名司保光，生于涿县县城。因家境困难，傅德才只读过 3 年小学。成年后，傅德才靠当搬运工、拉人力车为生。1937 年 9 月 18 日，涿县县城沦陷后，傅德才在高碑店打死了一名日本兵，之后到良乡县组织起了六七人的民间武装。不久，傅德才的武装力量被并入华北抗日救国同盟军一路军，傅德才担任队长。1937 年底，傅德才潜入涿县县城秘密绑架了汉奸刘麻子，并押到山区将其处决。1938 年 4 月，傅德才带领 6 名战士奇袭了日军在涿县县城的伪守备大队部，歼灭日军 20 余人。1938 年夏，陈东来在西峪寺重组抗日救国同盟军，取消各路编制，以原一路军为基础，分为 8 个团，傅德才任三团团长。在日军的秋季“大扫荡”中，抗日救国同盟军大部溃散，傅德才带领一部分人转战平西地区。1939 年，傅德才与唐尧等人被日军诱杀于窦店大红门。

五、中共早期党员——张廷瑞

张廷瑞（1901—1940），又名张乃东，涿县永乐村人。1920 年夏，张廷瑞考入保定育德中学。在邓中夏的引导下，张廷瑞于 1921 年 10 月加入社会主义青年团。1923 年 6 月，张廷瑞加入中国共产党，并成为保定育德中学党组织的负责人之一。1925 年春，中共保定党支部建立，长辛店铁路工会负责人史文彬担任书记，4月，史文彬被捕，张廷瑞代理书记。1926年秋，张廷瑞被捕入狱。翌年，经党组织多方营救出狱。1928年春，张廷瑞回到涿县秘密发展农村党组织。1930年，张廷瑞领导农民革命运动，建立了雇农工会，组织雇工罢工，争取合理权益，遭到当局镇压后离开涿县。后受党组织委派，调任石家庄市中心市委副书记。不久因机关遭到破坏，张廷瑞二次被捕，并被国民党当局判处5年刑期。出狱后，张廷瑞回到了家乡永乐村，边养病边办起了农民夜校，继续宣传党的进步思想。七七事变后，张廷瑞和于振坛组建了涿县抗日救国军，抗击日本侵略者。1938年，遵照上级党组织要求，张廷瑞对华北抗日救国同盟军周文龙部进行改造。1939年，张廷瑞到冀中十分区任三十二团民运科科长。

1940年7月，为争取反“蚕食”斗争的更大胜利，同时扩大抗日根据地，中共冀中五地委第三次开辟涿固新边界地区，由樊干和张廷瑞二人带队，建立抗日根据地。

9月24日，涿县武装工作小分队在大清河畔的双铺头村召开了40多人参加的群众大会。樊干在会上宣讲了《抗日救国十大纲领》，号召乡亲们团结起来，把日本侵略者赶出中国。张廷瑞讲了当前的抗战形势和斗争策略。会后，留下区委书记杨德山进行群众救国会的组建工作。武装工作小分队连夜向北转移，天亮前赶到了中代屯村。

多日来紧张的战斗生活和风餐露宿、饥渴劳累，使张廷瑞高烧不退，病倒在了中代屯村。樊干和乔悦等人要派人送他回平景村，请大夫抓紧医治，可张廷瑞坚决不同意。之后，众人将他从村边住户转移到了村中堡垒户杨维华家中休养。

9月26日拂晓，汉奸王凤岗调遣300多伪军包围了中代屯村。樊干、乔悦等人带领一部分战士率先突围，他们冒着密集的枪弹冲到大清河边时，发现伪军已封锁了河口，又急忙转身向村北迂回。张廷瑞和单秘书等5人断后，当他们突围到村口时发现文件包落在了杨维华家中，众人又返回村中取文件包，等回到村口大清河边时，河边毫无动静。张廷瑞以为樊干等人已经过河，于是立即涉水渡河。张廷瑞等人正在齐腰深的河水中前行时，突然有伪军在河岸上吼叫："抓着活的有赏！"几十个伪军随即向张廷瑞等人扑了过来。张廷瑞急忙掏出手枪，连连射击，几个伪军应声倒入河中。此时又有一个伪军向张廷瑞猛扑过来，张廷瑞举枪射击，不料手枪已无子弹，伪军举枪向张廷瑞开了火。这位顽强战斗了十几年的老共产党员倒在了大清河之中，为抗日战争流尽了最后一滴血。

六、房涞涿县大队队长——包森

包森（1911—1942），原名赵宝森，曾用名赵寒，陕西省蒲城县人。1932年2月，包森加入中国共产党。1937年3月，包森赴延安，进入中国人民抗日军政大学学习。全面抗战爆发后，包森被派往晋察冀抗日根据地独立一师工作，任三十三大队总支部书记。1938年3月，包森任房涞涿县大队队长。1938年6月，到河北兴隆一带开辟抗日游击区。1939年秋，包森被任命为冀东军分区副司令员。1942年2月17日，包森部在遵化境内野瓠山一带与日伪军遭遇，战斗中不幸胸部中弹，壮烈牺牲。

七、涿县县长——杨铁

杨铁（1916—1943），雄县西刘庄村人。1936年初，“一二·九”学生运动南下宣传团到板家窝和南沙口一带的村庄开展抗日救亡宣传活动。杨铁听了青年学生充满激情的演讲，懂得了在国难当头之际，一个青年的责任就是不当亡国奴，应奋起救国，于是他积极投身抗日救亡运动。1937年，杨铁加入中国共产党。1938年秋，杨铁任板家窝区区长，后调任泗庄区区长。1940年5月，杨铁奉调参加中共冀中十地委工作团，到定兴（路东）开辟新区，并被冀中十专署任命为定兴县佐。1941年初，调任涿县县长。1942年春，中共冀中十地委任命杨铁为第一联合县民政科科长。

1943年7月13日，汉奸王凤岗带领伪军包围了兀术营（今属高碑店市）等十几个村庄。此时杨铁正隐蔽在兀术营村的堡垒户朱有才家，后因汉奸赵信奎告密，伪军包围了朱有才家的院子。杨铁在消灭了几个敌人后，眼看难以冲出重围，他烧毁文件，饮弹牺牲。

八、舍家为国——陈琳

陈琳（1913—1944），原名陈之骏，涿县毛家屯村人。1930年，陈琳考入省立通县师范。1936年底，国共第二次合作期间，陈琳被任命为民国涿县第五区区长。1937年9月18日，日军占领涿县县城，国民党军队南撤，陈琳利用五区仅有的武装力量，坚守在横岐、宋营一带，顽强地抗击日本侵略者。1938年初，八路军进入房涞涿地区，陈琳率部投奔，被编为平西房涞涿办事处游击队，同年加入中国共产党。1939 年，陈琳担任涿县第一个基层抗日政权——马踏营区公所第一任区长。1940 年 6 月，陈琳被调入涞涿县抗日民主政府，担任教育科科长。

日伪军为了动摇陈琳的抗日决心，数次对他家进行包围、搜查，并对他的家属进行逮捕、刑讯，逼迫他们说出陈琳的下落。对于日伪军的这些卑鄙手段，陈琳嗤之以鼻。为了革命事业，为了民族解放，他早已将全家老小的生死置之度外。

1943 年初秋的一个深夜，陈琳、陈辉等 6 位同志从马踏营村开完会到韩村住宿。由于汉奸告密，在他们到达韩村仅两三个小时后，凌晨 4 时，伪军数百人便将韩村包围了。经过激烈的战斗，陈琳、陈辉等人突出重围，向北转移。当他们走到大马村村西的一个瓜棚时，遇到了陈琳的岳父。老人家让他们在瓜地里隐藏起来，同时派人找来正在大马村住娘家的陈琳妻子，让这对久别的夫妻见上了一面。妻子见到陈琳后说："你抛弃家中的老小干革命，什么时候是个头儿呀？"陈琳坚定地对她说："没有国，哪有家呀！革命对我来说是一辈子的大事。不把日本鬼子打跑，我是不能回家的！"陈琳为了国家的前途命运而舍弃自己小家的家国情怀，感动了在场的每一位同志。

1944 年 11 月中旬，涿县县城的日军顾问官后泽，调集房山、涞水、新城、涿县的日伪军，共 2000 余人，兵分 5 路，对涿县五区根据地的孙庄、横岐、东城坊、西城坊、马踏营一带的村庄进行围攻。

11 月 14 日清晨，五区区长陈琳在横岐村接到情报后，立即通知所有区干部和区小队到南横岐村的戏台下集合。十几分钟的工夫，全体区干部和区小队共 27 人来到戏台下。陈琳进行了简短的动员后，立即带队向孙庄村转移。孙庄村地处五区的中心位置，群众基础较好，附近各村都有地道，必要时可以化整为零，分散隐蔽，与日伪军进行地道战。队伍来到孙庄村村北，迎面遇到了八区区长崔光和县委城联部干事袁玉德，他们告诉陈琳，敌人已经占领了孙庄村，很多孙庄村的群众正在向村外四散奔逃。陈琳听后，当即决定向东南方向的后铺村转移。

队伍刚穿过一片枣林，就听到常村方向传来了人喊马嘶和零落的枪声。陈琳和崔光二人都意识到有被日伪军包围的危险，当即号召大家要保持民族气节，一旦陷入重围，要不惜一切代价突围出去。陈琳随即让区小队队长王金带领部队向北撤退，穿过拒马河的干河床，撤到拒马河北岸的枣林中，陈琳、崔光和袁玉德等人断后掩护。

这时，已有很多群众跟上了队伍。陈琳一边指挥部队撤退，一边动员群众各自分散隐藏。突然，日伪军的机枪子弹像雨点一般从东边打过来。陈琳只顾指挥群众隐蔽，自己却被击中倒地。崔光赶忙过来拉他，不幸也被日伪军的子弹击中，跌倒在地。袁玉德见状，急忙招呼村民躲进枣林。王金带领的区小队在距离枣林还有一小段路的时候，也遭到了日伪军的攻击。战士们立即卧地，以堤岸、土坎、树丛做掩护，与日伪军展开了激烈的战斗。此时，东边和北边的日伪军都压了过来。区小队队长王金的身上多处负伤，仍旧坚持战斗。区抗联主任张文雅被十几个日伪军包围，在左腿和右手都负伤的情况下，他左手持枪，对准自己的头部，饮弹牺牲。袁玉德一直冲杀在前，胸部连中数弹，最终倒在了血泊之中。班长张福林头部中弹后，身上突然起火，被烧得形体难辨。班长赵玉恩牺牲后，手里仍然紧紧地握着机枪。

在马踏营河套遭遇战中，29 名抗日将士与 2000 多名日伪军英勇地战斗了 3 个多小时。最终，郭凯等 12 人被捕，崔光等 4 人负重伤被群众救回，陈琳、张文雅、袁玉德等 13 人壮烈牺牲。

1944 年 11 月 20 日，中共涿县（路西）县委书记陈洪新和附近各村的 4000 多名群众一起，在宋各庄村为陈琳等烈士举行了追悼大会。四区区委书记陈辉在追悼会上朗读了祭诗："英雄非无泪，不洒敌人前。男儿七尺躯，愿为祖国捐。英雄抛碧血，化为红杜鹃。丈夫一死尔，羞杀狗汉奸。"

九、中共新涿县县委书记——尹景芬

尹景芬（1915—1945），安新县关城村人。1932 年，尹景芬毕业于关城村初级小学，同年加入中国共产主义青年团，1936 年加入中国共产党。七七事变后，尹景芬参加了孟庆山、吕正操领导的冀中人民抗日武装，转战于冀中各地。历任四分区容城县三十二大队队长、冀中十分区第一联合县县委书记、第一联合县敌工部部长、五十一大队政治委员、新涿县县委书记、七十大队政治委员等职。

1944 年 12 月，时任新涿县县委书记的尹景芬从地委开会回来，带着敌工部干事周文俊、县大队参谋段景湖和警卫员张晓德，来到涿县的交渠村。他们与区委书记张凯一起组织群众挖地道，开展反敌特活动的斗争。1945 年 1 月 5 日清晨，尹景芬得到情报，新城县伪警备联队队长王凤岗派王秀山带领 300 多名伪军要进攻交渠村。尹景芬立即派张晓德通知张凯，让他带领区小队转移。尹景芬和周文俊、段景

湖等人则组织群众“坚壁清野”。伪军冲进村时，尹景芬正在堡垒户王厚功家，伪军很快将王厚功家包围。尹景芬临危不惧，带领周文俊和张晓德翻出院墙冲到李朴家中，伪军尾随追赶，尹景芬怕误伤群众，一直没有开枪。后来尹景芬等人从李朴家中冲出，一路跑到村东的坟地后，才开始以坟丘做掩护向伪军射击。王秀山指挥伪军架起机枪疯狂扫射，周文俊、张晓德先后中弹牺牲。尹景芬虽身上多处负伤，可仍然坚持战斗，终因伤势过重，壮烈牺牲。

十、革命烈士、英雄诗人——陈辉

陈辉（1920—1945），原名吴盛辉，湖南省常德县（今常德市）人。1932 年秋，陈辉考入湖南省立常德中学。1935 年秋，陈辉直接升入本校高中。1936 年春，陈辉的一篇名为《向前进》的文章在常德报刊发表，文章以犀利的语言讽刺了国民党统治者。1937 年，陈辉加入中国共产党。1938 年 5 月，到延安中国人民抗日军政大学学习。1939 年 5 月，陈辉从中国人民抗日军政大学毕业后被分配到晋察冀抗日根据地工作，担任通讯社记者，曾在《晋察冀日报》《群众文化》《诗建设》《子弟兵》等报刊上发表了多篇诗作。

1940 年，陈辉来到对敌斗争极其残酷的平西地区涞涿县，担任青救会宣传委员。他深入乡村，组织青抗先、青救会，他一手拿枪与日伪军进行战斗，一手拿笔在地道里、油灯下撰写大量诗稿和文章来鼓舞群众，被当地群众称为能文能武的“神八路”。

1941 年春，日伪势力异常猖獗，到处都是一片白色恐怖。陈辉和平西区敌工部的同志一起，出没于岗楼林立的涞涿平原，曾参与策反了岐沟据点的伪警备中队队长李春芳起义投奔解放区，还曾在拒马河畔写下了《为祖国而歌》的诗作。

1942 年 3 月，陈辉担任房涞涿县青救会主任。11 月，中共房涞涿县委挑选了 20 多名骨干组成抗日敌后武工队，到敌人的后方开展抗日游击斗争，陈辉任民运委员。1943 年，陈辉担任四区区委书记兼武工队政委。1944 年夏，陈辉任中共房涞涿县委执行委员，兼任四区区委书记。

1945 年 2 月初，陈辉带着李增尧、王厚祥等人回到涿县路东处理善后工作，陈辉等人住在了黄楼桑村的堡垒户范永坤家。工作结束后，为了安全穿过铁路，陈辉和李增尧分开行动。在夜幕的掩护下，陈辉和王厚祥穿过铁路，来到了韩村堡垒户王德成的家。就在当晚，陈辉病倒了。

在陈辉离开黄楼桑村的当天夜里，叛变投敌的区助理员周永旺就带着特务高庆闯进了范永坤的家。范永坤的妻子虽然认识周永旺，但并不知道他已叛变投敌，于是将陈辉等人的行踪都告诉了他。当范永坤护送陈辉穿过铁路返回时，被日伪特务截住，拉到了松林店火车站。特务们一再逼问陈辉等人的去向，范永坤却始终没有开口。在日本特务队队长的指使下，特务们对范永坤一阵毒打，晕倒在地的范永坤昏迷之中念叨着“陈政委……韩村……”，日本特务队队长赶忙带人包围了韩村。

2 月 8 日清晨，王德成的母亲给陈辉做了鸡蛋面条汤，陈辉正在感谢推让时，特务魏庆林、张英杰、高庆等人闯进了院子。陈辉的警惕性很高，见特务们进了院子，他抬手就是两枪，正打在魏庆林的手腕上，众人被吓得撒腿就往外跑。此时，日伪军已经包围了王德成的家，有的特务甚至爬上了房顶，大喊着让陈辉投降。见此情景，陈辉并没有慌乱，他沉着冷静地对王厚祥说不能在屋里等着挨打，要冲出去。王厚祥听后连连点头，他从腰间取出两枚手榴弹向屋外扔了出去。借着手榴弹爆炸腾起的烟尘，王厚祥扶着陈辉冲出了西屋，跑进了西耳房。此时，王德成家的西墙外已满是日伪军，特务们掀开了西耳房的房顶，将点燃的玉米秸扔了进去。陈辉的衣服和头发都烧着了，屋内已不能容身，陈辉冲到院子大喊一声："你们来吧！"此时魏庆林和高庆二人跑过来，将陈辉死死抱住。陈辉用尽全身力气，拉响了挂在腰间的手榴弹，两个特务急忙躲避。随着一声巨响，陈辉倒在了血泊之中。日伪军把陈辉抬到松林店的伪警察署，给他擦净脸上的血迹，拍了相片，既是验明正身，也是作为向上级邀功的证据。然后敌人残忍地割下了陈辉的头颅，并挂在村中的炮楼上示众。

涿县县委、县政府和武工队知道这一消息后，悲痛异常。第二天，武工队队长董一欧和县政府秘书郑福顺，带领李增尧等人奔袭松林店，冒死取下了陈辉的头颅。之后，董一欧等人转移到北马村，将陈辉的头颅秘密安置在了村北寺庙的西墙根儿，并将寺庙当作临时的"革命烈士祠"，在寺庙大殿的石柱上写了挽联，举行了庄重的悼念仪式。

1949 年夏，涞涿县委、县政府在陈辉的牺牲地立碑，并举行了安葬仪式。后来，陈辉墓迁至楼桑庙三义宫北侧。

1993 年，涿州市新建烈士陵园，陈辉与张廷瑞、陈琳等烈士迁葬至涿州市烈士陵园。

第二节　抗战英雄

一、杨春圃

杨春圃（1913—2011），原名杨雨祥，任丘县人，中共第九、第十届中央委员。1931 年 9 月，在保定、天津、北平做地下工作，后投身武装斗争。1932 年 8 月，加入中国共产党。1938 年 3 月，任中共房涞涿县工委书记兼游击队政委。后历任八路军第四纵队政治部宣传科科长、冀热察挺进军政治部宣传部部长、军部秘书长、平北军分区政治部副主任、平北军分区政治部主任。1944 年 9 月，任冀热察区委党校校长。1945 年春，兼任冀热察区党委宣传部部长。解放战争时期，任张家口市委副书记、张家口市长、张家口市委书记、张家口市卫戍区政委、张家口市卫戍区副政委。1946 年 11 月，任冀热察区党委常委兼社会部部长、冀热察行政公署主任。1948 年 5 月，任东北野战军第十一纵队副政委兼政治部主任。9 月，任中国人民解放军第四十八军副政委。1949 年 5 月，任武汉市军管会副秘书长。7 月，任中国人民解放军第五十一军政委。1950 年 11 月至 1954 年 10 月，任中国人民解放军空军干部部副部长、中国人民解放军空军干部部部长、空军党委常委。1954 年 10 月至 1958 年 2 月，任第二机械工业部副部长。1958 年 4 月至 1967 年 1 月，任中共辽宁省委书记处书记。1965 年 5 月，兼任沈阳市委第一书记。1968 年 5 月至 1976 年 12 月，任辽宁省革委会副主任。1971 年 1 月至 1972 年，任中共辽宁省委副书记。1972 年 10 月至 1978 年 11 月，任中共辽宁省委书记。1986 年 5 月离职休养。2011 年 8 月 28 日去世。

二、刘慎之

刘慎之（1911—1969），静海县（今天津市静海区）人。1926 年加入中国共产主义青年团，1927 年加入中国共产党。1928 年 3 月至 6 月，任共青团唐山市委书记、中共顺直省委委员、共青团中央候补委员。1928 年，赴莫斯科出席中国共产党第六次全国代表大会，并担任第十四次少共国际代表大会的中国代表。1930 年初回国后，1 月至 5 月任共青团天津市委书记，后因叛徒告密被捕入狱。1936 年出狱。1937 年 10 月，任中共北平市委委员，同年冬到平西参与领导八路军平西游击队。

1938 年 3 月至 5 月，任房涞涿县抗日政府县长。同年秋，任中共北平城市工作委员会书记。1939 年 2 月，任八路军冀热察挺进军政治部组织部部长、团政治委员。1943 年 8 月赴延安，10 月参加中共中央党校学习。1945 年 8 月，任中共冀热察区委城工部部长。12 月，任中共冀东区委委员、城工部部长。1946 年 3 月，任中共晋察冀边区第十八地委书记兼晋察冀军区第十五军分区政治委员。1947 年 5 月，任中共冀东区委民运部部长。9 月，任冀东区新农会临时委员会主任，后随部队南下湖南。1949 年起历任中共醴陵地委书记、醴陵军分区政治委员、湘西军区零陵军分区政治委员、中共湖南省永州地委书记、湖南省土改委员会委员。1951 年 5 月，任衡阳铁路局党委书记。1953 年，历任广州铁路局局长兼党委书记、中共中央华南分局委员、中共广东省委委员。1959 年 1 月至 1963 年 4 月，任中共福建省委常务委员兼省委工交部部长。1960 年 5 月至 1963 年 4 月，任福建省副省长。1962 年 9 月，被选为中共中央监察委员会候补委员。1969 年 5 月 3 日病逝。

三、赵然

赵然（1918—1944），字学雍，房山县人。1938 年 3 月，赵然在家乡随包森参加革命，同年 5 月加入中国共产党。历任房良县抗日救国会组织部部长、中共房良县委宣传部部长、中共房良县委书记、中共房涞涿县委组织部部长、房涞涿县议会议长。1942 年 12 月，任中共房涞涿县委书记。1941 年，赵然染上肺病，但他以惊人的毅力坚持斗争，直到生命的最后一刻。1944 年 5 月 16 日病逝，年仅 26 岁。

四、魏国元

魏国元（1906—1960），字汉光，宛平县人。1930 年，魏国元参加了中国共产党的外围组织——反帝大同盟和革命互济会，曾领导家乡的抗捐税斗争。1932 年，与崔显芳合作创办了青白口高小，以教学为掩护进行革命宣传，同年 7 月加入共青团，任团县委副书记。1933 年 7 月，加入中国共产党。1934 年夏，被国民党逮捕，经党组织多方营救，于 1936 年 7 月获释。之后担任中共地下宛平县委书记，公开身份是七区区长。1937 年 11 月，任宛平县抗日救国会主任、平西游击队后勤部部长。1938 年 3 月，任宛平县抗日政府第一任县长。1939 年 1 月，调任宣涿怀县县长。1939 年秋，任涞涿县县长。1940

年5月调至平西专署，历任秘书室主任、专署副专员、专署专员。1949年南下至湖南省工作，历任邵阳专署专员、湖南省民政厅厅长。1953年调回北京，历任水利部办公厅副主任、农田水利局局长、水利出版社社长、水利电力学院院长兼党委书记。1960年5月2日病逝。

五、王野舟

王野舟，1917年出生，张家口市蔚县人。1937年10月参加革命工作，1938年任中共蔚涿宣县工委书记兼县武工队政委。1939年12月，任中共涞涿县工委、县委书记。1943年6月至1948年初，先后任中共蔚涿宣县委宣传部部长、中共蔚县县委书记、中共蔚涿宣县委副书记。1948年2月，任中共涿鹿县委书记。1948年12月调离，1949年随军南下。1958年7月，任广西医学院党委副书记。1961年1月，任广西僮族自治区卫生厅副厅长。

六、肖炳林

肖炳林（1907—1981），涿县北泽畔村人。1932年参加第二十九军，到前线抗击日本侵略者。1937年7月底，第二十九军从北平南撤后回到家乡。不久，参加涿县农民自卫团。1939年5月，被编入涞涿游击支队。1940年初，加入中国共产党。历任房涞涿第二大队队长、涞涿县大队二中队队长、房涞涿县大队队长、房涞涿独立营营长、房涞涿独立团团长、房涞涿县武工队队长。1948年后，历任平西军分区独立团团长、察哈尔省军政学校副校长。1960年转业到中国科学院任后勤部部长。1964 年离休，1981 年病逝。

七、董一欧

董一欧（1913—2017），新城县人。1937 年 7 月，在保定第二师范读书期间，因参加反日罢课被校方开除，之后在何灿武装联庄会任秘书主任，曾到平西抗日根据地挺进军随营学校学习半年。1940 年 3 月，回到何灿武装联庄会开办学习班，传授战略战术。1940 年 10 月，日伪军将何灿武装联庄会包围在岐沟村，何灿被抓，董一欧杀出包围圈，进入涞涿县抗日政府。1941 年 3 月，董一欧任涞涿县第七区区长。1942 年初，董一欧任房涞涿县政府实业科科长。1942 年 12 月，房涞涿县武装工作委员会成立，董一欧任政权代表。1945 年 5 月至 1946 年 5 月，任涿县县长。1948 年 6 月，任鲁山市（今鲁山县）市长。1948 年 12 月，任郑州市民政局秘书主任，兼任南下大军办公室主任。1949 年 12 月，到南宁接管南宁市农、林、工、矿企业。1950 年 1 月，任南宁市政府委员、财委副主任。1953 年 12 月，任广西工商行政管理局局长。1960 年 10 月，任中共梧州地委书记。1961 年 6 月，任广西化学工业局副局长。1981 年，任广西石化厅副厅长。1985 年离休，2017 年病逝。

八、侯裕民

侯裕民（1923—2013），原名侯宝琳，涿县南蔡村人。1943 年，在本村保公所当地下情报员。1944 年 10 月，在平南县五联区参加革命工作。1945 年 4 月，加入中国共产党。历任涿良宛县五联区民政助理员、涿县四区区长、“河西”武工队队长、涿良宛县政府民教科科长、涿县四区区委书记。1949 年起，历任涿县二区区委书记、中共涿县县委办公室干事、中共涿县县委“三反”办公室负责人、中共保定地委办公室干事、保定专署农林局科长、中共地委农村工作部科长、中共地委政策研究室研究员、保定专署农林局副局长、保定地区革命委员会办公室干事、“地革委”信访处副处长、“地革委”农林局办公室秘书、保定行署农业局副局长。1983 年离休，2013 年病逝。

九、郑福顺

郑福顺（1923—1998），曾化名郑君、郑惠民，涿县岐沟村人。1938 年 11 月，参加八路军涞涿政治工作团军政训练班，后跟随工作团团长王巍做秘书工作。1939 年 5 月，平西涞涿游击支队组建，郑福顺任政委。1940 年 6 月，任涞涿县政府秘书。1941 年 6 月，任房涞涿县四区区委书记。1946 年 5 月起，任涿县县长秘书。1948 年 7 月，郑福顺从北平携带一批药品回涿县，为了摆脱敌特的跟踪，郑福顺抱着药品跳下火车，导致四肢骨折。新中国成立后，郑福顺回乡务农，后落实政策，享受退休待遇。1998 年病逝。

附　　录

涿州抗战大事记

1937 年

7 月 8 日，中共中央发布紧急通电，号召全国军民团结抗日，涿县爱国群众纷纷行动起来支援抗战。

7 月底，第二十六路军进驻涿县。

9 月 15 日，东茨村惨案。

9 月 16 日，太和庄惨案。

9 月 16 日，柳河营惨案。

9 月 17 日，练庄惨案。

9 月 17 日，泽畔惨案。

9 月 17 日，东阳屯惨案。

9 月 17 日，西管头惨案。

9 月 18 日，日军占领涿县县城。

11 月，华北抗日救国同盟军成立，陈东来任总司令。

11 月，伪涿县公署成立。

1938 年

2 月，涿县伪新民会成立。

3 月 28 日，中共房涞涿县工作委员会、房涞涿县抗日政府、房涞涿县武装大队成立。

4 月 29 日，房涞涿地区各武装力量发动“破交打点”战役。

9 月，日军发动“大扫荡”，炸毁了西域寺，抗日救国同盟军死伤惨重。

1939 年

1 月，马踏营区公所建立。

6 月，涞涿游击支队建立。

6 月，中共涞涿县工作委员会（山前）和涞涿县办事处（山前）成立。

1940 年

6 月，中共涞涿县委员会（山前）和涞涿县抗日政府（山前）成立。

8 月，按“三三制”原则选举产生了涞涿县参议会和区、村两级抗日民主政权。

1941 年

6 月，涿县伪警备中队队长李春芳率部起义。

6 月 14 日，中共房涞涿县委员会和房涞涿县抗日民主政府成立。

8月，日军对房涞涿地区进行了为期3个月的秋季“大扫荡”。

1942年

1月，上级党组织对房涞涿县的主要干部进行调整。

3月，中共房涞涿县委召开了平峪会议。

5月，第一联合县改称容定新雄涿联合县。

11月，房涞涿县敌后抗日武装工作委员会和武装工作队成立。

1943年

10月，中共大宛安永固涿良工作委员会和大宛安永固涿良办事处成立。

1944年

3月，中共大宛安永固涿良工作委员会改称中共平南工作委员会，大宛安永固涿良办事处改称平南办事处。

10月，房、涞、涿3县分建，中共涿县委员会成立。

10月，平南办事处改称平南县。

10月，中共涿县（路西）委员会和涿县（路西）抗日民主政府成立。

10月，中共新涿县委员会和新涿县抗日民主政府成立。

1945年

3月，中共涿良宛县委员会和涿良宛县抗日民主政府成立。

8月，涿县县城的日军逃往北平，涿县摆脱日军的殖民统治。

抗战时期涿州地方组织机构

一、房涞涿县（1938.3—1938.11）

（一）中共房涞涿县工作委员会（1938.3—1938.11）

书记：杨春圃（1938.3—1938.5），那恕（1938.5—1938.6）。

（二）房涞涿县抗日政府（1938.3—1938.11）

县长：刘慎之（1938.3—1938.5），佟旭野（1938.5—1938.6）。

秘书：申爽（1938.5—1938.6）。

1. 房涞涿县大队

队长：包森（1938.3—1938.5）。

政委：杨春圃（1938.3—1938.5），那恕（1938.5—1938.6）。

2. 房涞涿县游击大队

队长：王文（1938.5—1938.6）。

二、涞涿县（山区）（1938.11—1940.9）

（一）中共涞涿县工作委员会（山区）（1938.11—1939.4）

书记：申子谦（1938.11—1939.4）。

（二）中共涞涿县委员会（山区）（1939.4—1940.9）

书记：申子谦（1939.4—1939.7），石尚农（1939.7—1940.9）。

副书记：焉志（1939.7—1940.9）。

（三）涞涿县抗日政府（山区）（1938.11—1940.9）

县长：申子谦（1938.11—1938.12），佟旭野（1938.12—1939.4），郝卲尧（1939.4—1940.9）。

1. 涞涿县游击支队

队长：王志斌（1938.11—1940.9）。

政委：申爽（1938.6—1940.9）。

2. 涞涿县基干自卫队

队长：赵连士（1938.11—1940.9）。

教导员：安廷玺（1938.11—1940.9）。

3. 涞涿县自卫队总队

队长：陈聘卿（1938.11—1940.9）。

4. 涞涿县抗日救国会

主任：申子谦（1938.11—1940.9）。

三、涞涿县（山前）（1939.6—1941.6）

（一）中共涞涿县工作委员会（山前）（1939.6—1940.6）

书记：李忱（1939.6—1939.12），王野舟（1939.12—1940.6）。

副书记：王伍（1939.12—1940.6）。

（二）中共涞涿县委员会（山前）（1940.6—1941.6）

书记：王野舟（1940.6—1941.2），黄叶（1941.2—1941.6）。

副书记：王伍（1940.6—1941.6）。

委员：李忱、王野舟、黄叶、王伍、赵行之、白士毅、张致祥、魏国元、王巍、卜庸、许烈。

1. 组织部

部长：王伍（1940.6—1941.6）。

2. 宣传部

部长：黄叶（1940.6—1941.6）。

3. 涞涿县参议会

议长：白士毅（1940.6—1941.6）。

副议长：邵荣轩（1940.6—1941.6）。

（三）涞涿县办事处（山前）（1939.6—1940.6）

主任：张季樵（1939.6—1939.9），魏国元（1939.9—1940.3），王巍（1940.3—1940.6）。

秘书：马志毅（1939.6—1940.6）。

1. 民政科

科长：马志毅（1939.6—1940.6）。

2. 财政科（后改称实财科）

科长：杨作霖（1939.6—1940.6）。

3. 涞涿游击支队

队长：杨振友（1939.6—1939.12）。

副队长：王德林（1939.6—1939.12）。

政委：郑福顺（1939.6—1939.7），李志远（1939.7—1939.12）。

4. 涞涿县人民抗日自卫总队

队长：史迈（1939.6—1940.6）。

5. 涞涿独立营

营长：王德林（1939.12—1940.6）。

教导员：李林秀（1939.12—1940.6）。

（四）涞涿县抗日民主政府（山前）（1940.6—1941.6）

县长：王巍（1940.6—1940.12），卜庸（1940.12—1941.3），许烈（1941.3—1941.6）。

秘书：孙佩臣（1940.6—1941.6）。

1. 民政科

科长：吴吉禹（1940.6—1941.3）。

2. 财政科（后改称实财科）

科长：阎塘（1940.6—1941.6）。

3. 教育科

科长：陈琳（1940.6—1941.6）。

4. 司法科

科长：张一川（1940.6—1941.6）。

5. 涞涿独立营

营长：王德林（1940.6—1940.11）。

教导员：李林秀（1940.6—1940.9），李忠（1940.9—1940.11）。

6. 涞涿基干大队

队长：孙庆丰（1941.1—1941.6）。

副队长：肖炳林（1941.1—1941.6）。

政委：白士毅（1941.1—1941.3），王伍（1941.3—1941.6）。

7. 涞涿县人民抗日武装委员会

主任：史迈（1940.6—1941.6）。

副主任：鲁平（1940.6—1941.6）。

8. 涞涿县农民抗日救国会

主任：李德山（1940.8—1941.6）。

9. 涞涿县青年抗日救国会

主任：李光武（1940.8—1941.6）。

10. 涞涿县妇女抗日救国会

主任：王文艳（1940.6—1941.6）。

（五）区级组织机构

1. 马踏营区公所

区长：陈琳（1939.2—1940.6）。

副区长：杨振友（1939.2—1939.5）。

2. 中共涞涿县四区委员会

书记：芮敏（1940.6—1941.6）。

3. 涞涿县第四区公所

区长：郭汉勋（1940.6—1941.2），杜恩荣（1941.3—1941.6）。

4. 中共涞涿县五区委员会

书记：芮敏（1940.6—1941.3），刘民（1941.3—1941.6）。

5. 涞涿县第五区区公所

区长：高文元（1940.6—1941.6）。

6. 涞涿县第七区区公所

区长：董一欧（1941.3—1941.6）。

涞涿县第一区、第二区、第三区、第六区均属保定市涞水县，本书不再详述。

四、房涞涿县（1941.6—1944.10）

（一）中共房涞涿县委员会（1941.6—1944.10）

书记：杨流萤（1941.6—1942.2），贾吉平（1942.2—1942.12），赵然（1942.12—1944.5），陈洪新（1944.5—1944.10）。

副书记：王伍（1941.6—1941.8），赵然（1941.8—1942.12），方直（1942.12—1943.6），陈洪新（1944.2—1944.5）。

委员：杨流萤、贾吉平、赵然、陈洪新、吕达、周一、王伍、方直、王天瑞、周敬学、孟汉卿、刘国良、王云（张有新）、郝绍尧、李自富、马志毅、刘德祥。

秘书：王玉忠（1941.6—1944.10），孙仲印（1944.6—1944.10）。

1. 组织部

部长：吕达（1941.6—1943.1），孟汉卿（1944.8—1944.10）。

副部长：李自富（1943.1—1944.8）。

2. 宣传部

部长：周一（1941.6—1942.10），周敬学（1942.10—1943.8），陈洪新（1943.9—1944.2），胡兆（1944.2—1944.10）。

副部长：戈枫（1944.5—1944.10）。

3. 民运部

部长：孟汉卿（1943.7—1944.10）。

4. 敌工部

部长：张维华（1943.9—1943.11）。

副部长：李春芳（1941.6—1943.3），张维华（1943.3—1943.9），胡醒（1943.11—1944.10）。

5. 城工部

部长：王建业（1943.11—1944.10）。

6. 房涞涿县参议会

议长：赵然（1941.6—1944.5）。

副议长：周硕臣（1941.6—1944.10），邵荣轩（1941.6—1944.10）。

（二）房涞涿县抗日民主政府（1941.6—1944.10）

县长：王天瑞（1941.6—1942.2），马志毅（1942.2—1943.5），郝绍尧（1943.5—1944.6），郝华庭（代理）（1944.6—1944.10）。

秘书：孟兆春（1941.6—1941.11），王光（刘占寅）（1941.11—1942.10），金犊士（1942.10—1944.5），王觉民（1944.5—1944.10）。

1. 民政科

科长：孟兆春（1941.6—1941.11），王光（1941.11—1943.8），杨怀堂（1943.9—1944.10）。

2. 财政科

科长：阎塘（1941.6—1941.8），王觉民（1941.8—1944.10）。

副科长：罗玉清（1942.9—1943.11），周文英（1943.11—1944.10）。

3. 实业科

科长：董一欧（1941.6—1944.10）。

4. 教育科

科长：聂品（1941.6—1943.3），陈琳（1943.3—1943.10），程超然（1943.10—1944.10）。

5. 司法科

科长：张一川（1941.6—1942.10），杨洪宽（1942.10—1944.10）。

6. 公安局

局长：王法西（1941.6—1942.3），王云（1942.3—1944.10）。

7. 贸易局

局长：郝一鸣（1941.6—1941.8），李振东（1941.8—1942.9），马驰（1942.9—1943.5），石磊（1943.6—1944.10）。

8. 房涞涿游击支队

队长：孙庆丰（1941.6—1942.3）。

副队长：肖炳林（1941.6—1942.3）。

政委：王伍（1941.6—1941.8），徐树萍（1941.10—1942.3）。

9. 房涞涿县大队

队长：肖炳林（1942.3—1944.10）。

副队长：张德顺（1942.3—1944.10）。

政委：赵然（1942.3—1944.5），陈洪新（1944.5—1944.10）。

副政委：徐树平（1942.3—1943.5），鲁鸣（1943.5—1944.10）。

10. 房涞涿人民抗日武装委员会

主任：鲁平（1941.6—1942.5），贾一平（1942.5—1943.1）。

11. 房涞涿人民武装部

部长：贾一平（1943.1—1943.10），高朴（1943.10—1944.10）。

12. 房涞涿武装工作队

队长：肖炳林（1942.11—1944.8），董一欧（1944.8—1944.10）。

政委：方直（1943.10—1944.6），陈辉（1944.6—1944.10）。

13. 房涞涿农民抗日救国会

主任：李德山（1941.6—1942.6），安珍（1942.6—1942.12）。

14. 房涞涿青年抗日救国会

主任：李光武（1941.6—1942.3），陈辉（1942.3—1942.12）。

15. 房涞涿妇女抗日救国会

主任：白岩（1941.6—1942.2），张炎（1942.2—1942.12）。

16. 房涞涿文化界抗日救国会

主任：戈枫（1941.6—1942.12）。

17. 房涞涿抗日救国联合会

主任：杜森尧（1942.12—1943.6），孟汉卿（1943.6—1944.10）。

副主任：杨春亭（1943.6—1944.1），安珍（1944.1—1944.10）。

（三）区级组织机构

1. 中共房涞涿县四区委员会

书记：郑福顺（1941.6—1942.11），贾凤林（1942.11—1943.7），陈辉（1943.7—1944.3），陈世昌（1944.3—1944.10）。

2. 房涞涿县第四区区公所

区长：董一欧（1941.6—1942.5），刘德明（1942.5—1943.6），陈琳（1943.6—1944.5），王文哲（1944.5—1944.10）。

3. 中共房涞涿县五区委员会

书记：江林（1943.6—1944.3），段诚（1944.3—1944.10）。

4. 房涞涿县第五区区公所

区长：高文元（1941.6—1943.10），李志民（1943.10—1944.10）。

5. 中共房涞涿县八区委员会

书记：刘民（1944.8—1944.10）。

6. 房涞涿县第八区区公所

区长：崔光（1944.8—1944.10）。

房涞涿县第一区、第三区、第六区均属保定市涞水县，房涞涿县第二区、第七区、第九区均属北京市房山区，本书不再详述。

五、涿县（路西）（1944.10—1945.9）

（一）中共涿县（路西）委员会（1944.10—1945.9）

书记：陈洪新（1944.10—1945.9）。

副书记：戈枫（1944.10—1945.9）。

委员：陈洪新、孙福民、戈枫、孟汉卿、陈廷禄、周自文、张获、石明金、孙庆丰、鲁鸣、吕连英、孙俊卿、董一欧。

秘书：刘占勇（1944.10—1945.9）。

1. 组织部

部长：孟汉卿（1944.10—1945.9）。

2. 宣传部

部长：戈枫（1944.10—1944.11），孙福民（1944.11—1945.1），陈廷禄（1945.1—1945.6），芮敏（1945.6—1945.9）。

3. 民运部

部长：安珍（1944.10—1945.9）。

4. 敌工部

部长：胡醒（1944.10—1945.9）。

5. 城工部（后改称城联部）

部长：吕连英（1944.10—1945.9）。

副部长：周自文（1944.10—1945.5）。

（二）涿县（路西）抗日民主政府（1944.10—1945.9）

县长：张获（1944.10—1945.2），石明金（1945.2—1945.5），董一欧（1945.5—1945.9）。

秘书：王觉民（1944.10—1945.9）。

1. 民政科

科长：杨怀堂（1944.10—1945.5），程超然（1945.5—1945.9）。

2. 财政科

科长：王觉民（1944.10—1945.5），周文英（1945.5—1945.9）。

3. 实业科

科长：董一欧（1944.10—1945.5），杜恩荣（1945.5—1945.9）。

4. 司法科

科长：杨洪宽（1944.10—1945.9）。

5. 公安局

局长：王云（1944.10—1945.7），段诚（1945.4—1945.9）。

6. 涿县（路西）游击支队

队长：孙庆丰（1944.10—1945.9）。

副队长：肖炳林（1944.10—1945.9）。

政委：陈洪新（1944.10—1945.9）。

副政委：鲁鸣（1944.10—1945.9）。

7. 涿县（路西）人民武装部

部长：高朴（1944.10—1945.2），崔武（1945.2—1945.9）。

副部长：孙振川（1945.3—1945.9）。

8. 涿县（路西）武装工作队

队长：董一欧（1944.10—1945.3）。

政委：陈辉（1944.10—1945.2）。

9. 涿县（路西）人民抗日救国联合会

主任：安珍（1944.10—1945.9）。

（三）区级组织机构

1. 中共涿县（路西）四区委员会

书记：陈世昌（1944.10—1945.9）。

2. 涿县（路西）第四区区公所

区长：王文哲（1944.10—1945.9）。

3. 中共涿县（路西）五区委员会

书记：贾凤林（1944.10—1945.9）。

4. 涿县（路西）第五区区公所

区长：陈琳（1944.10—1944.11），高文元（1944.11—1945.9）。

5. 中共涿县（路西）六区委员会

书记：江林（1944.10—1945.3），杨峰（1945.3—1945.9）。

6. 涿县（路西）第六区区公所

区长：崔光（1944.10—1945.1），潘纪文（1945.1—1945.9）。

7. 中共涿县（路西）七区委员会

书记：张贵南（1944.10—1945.2），李如秀（1945.2—1945.9）。

8. 涿县（路西）第七区区公所

区长：周楠（1944.10—1945.2），王文彬（1945.2—1945.9）。

涿县第一区、第二区、第三区均属保定市涞水县，本书不再详述。

六、涿县（路东）（1939.10—1941.5）

（一）中共涿县（路东）委员会（1939.10—1941.1）

书记：尹中甫（1939.10—1939.12），韩良（1940.1—1940.5），樊干（1940.7—1941.1）。

（二）涿县（路东）抗日民主政府（1939.10—1941.5）

县长：张德明（1939.10—1939.12），周梦白（1940.1—1940.5），张廷瑞（1940.7—1940.9），张仲伦（1940.10—1941.1），杨铁（1941.1—1941.5）。

1. 涿县（路东）游击大队

队长：乔悦（1939.10—1940.7），张廷瑞（1940.7—1940.9），张仲伦（1940.10—1941.1），杨铁（1941.1—1941.5）。

副队长：乔悦（1940.7—1941.1）。

政委：尹中甫（1939.10—1939.12），韩良（1940.1—1940.5），樊干（1940.7—1941.1）。

2. 涿县（路东）妇女抗日救国会

主任：李星源（1940.1—1940.9）。

（三）区级组织机构

1. 中共涿县（路东）双铺头区委员会

书记：杨德山（1940.7—1941.1）。

2. 涿县（路东）双铺头区区公所

区长不详。

七、容（城）定（兴）新（城）雄（县）涿（县）联合县（第一联合县）（1942.5—1944.10）

（一）中共容（城）定（兴）新（城）雄（县）涿（县）联合县委员会（1942.5—1944.10）

书记：尹景芬（1942.5—1942.7），阎肃（1942.7—1944.10）。

1. 组织部

部长：彭涛（1942.5—1944.10）。

副部长：李果（1942.5—1944.10）。

2. 宣传部

部长：李画亭（1942.5—1943.1），刘炎（1943.1—1944.10）。

3. 敌工部

部长：尹景芬（1942.7—1944.10）。

4. 社会部

部长：朱克东（1942.5—1944.10）。

（二）容（城）定（兴）新（城）雄（县）涿（县）联合县抗日民主政府（1942.5—1944.10）

县长：程业（马建民）（1942.5—1942.7），李士增（1942.7—1944.10）。

1. 民政科

科长：刘济民（1942.5—1943.9），王忱（1943.9—1944.10）。

2. 财政科

科长：马汝霖（1942.5—1943.11），陆锦（1943.11—1944.10）。

3. 教育科

科长：杨立群（1942.5—1942.8），高镜明（1942.8—1944.10）。

4. 公安局

局长：朱克东（1942.5—1944.10）。

副局长：刘亚欣（1942.5—1944.10）。

5. 容（城）定（兴）新（城）雄（县）涿（县）联合县县大队（五十一大队）

队长：薛山（侯子斋）（1942.5—?），张继仁（? —1944.10）。

政委：马德骏（1942.5—?），薛山（? —1944.10）。

6. 容（城）定（兴）新（城）雄（县）涿（县）联合县抗日救国联合会

主任：陈旭（1942.5—?），刘云（? —1944.10）。

7. 容（城）定（兴）新（城）雄（县）涿（县）联合县工人部

部长：葛绅。

8. 容（城）定（兴）新（城）雄（县）涿（县）联合县妇女部

部长：林菲。

9. 容（城）定（兴）新（城）雄（县）涿（县）联合县青年部

部长：梁仲民。

10. 容（城）定（兴）新（城）雄（县）涿（县）联合县文建会

主任：秦兆阳。

11. 容（城）定（兴）新（城）雄（县）涿（县）联合县农救会

主任：蔡云斋。

12. 容（城）定（兴）新（城）雄（县）涿（县）联合县回建会

主任：杨子建。

八、涿（县）固（安）新（城）雄（县）霸（县）联合县（第二联合县）（1941.10—1943.10）

（一）中共涿（县）固（安）新（城）雄（县）霸（县）联合县委员会（1941.10—1943.10）

书记：苏玉振（1941.10—1943.10）。

1. 组织部

部长：路光（1941.10—1942.4），赵西北（1942.4—1943.10）。

副部长：谭杰（1942.4—1943.10）。

2. 宣传部

部长：彭涛（1941.10—1942.4），张杰（1942.4—1943.10）。

3. 敌工部

部长：崔勋（1942.4—?），尹克（? —1943.10）。

（二）涿（县）固（安）新（城）雄（县）霸（县）联合县抗日民主政府（1941.10—1943.10）

县长：尚锋（1941.10—1942.4），王山（1942.4—?），张仲伦（? —1943.10）。

秘书：李中西（1941.10—1943.10）。

1. 教育科

科长：平秉权（1941.10—?），张伞（? — 1943.10）。

2. 财政科

科长：李仲伦（1941.10—1943.10）。

3. 公安局

局长：朱干（1941.10—1943.10）。

4. 涿（县）固（安）新（城）雄（县）霸（县）联合县县大队（五十六大队）

队长：杨志荣（1941.11—1942.8），王山（1942.8—1944.9），张仲伦（? —1943.10）。

副队长：乔悦（1941.11—1943.10），杨志荣（1942.8—1943.10）。

政委：张馨（1941.11—1942.8），苏玉振（1942.8—1943.10）。

副政委：张馨（1942.8—1943.10）。

5. 涿（县）固（安）新（城）雄（县）霸（县）联合县抗日救国联合会

主任：刘浩（1941.10—?）。

6. 涿（县）固（安）新（城）雄（县）霸（县）联合县青年抗日救国会

主任：刘浩（1941.10—?）。

7. 涿（县）固（安）新（城）雄（县）霸（县）联合县农民抗日救国会

主任：蔡云斋（1941.10—1943.10）。

8. 涿（县）固（安）新（城）雄（县）霸（县）联合县妇女抗日救国会

主任：黎玲（1942.4—1943.10）。

9. 涿（县）固（安）新（城）雄（县）霸（县）联合县抗日武装委员会

主任：张致敬（1942.4—1943.10）。

九、大宛安永固涿良县（1943.10—1944.10）

（一）中共大宛安永固涿良工作委员会（1943.10—1944.3）

书记：苏玉振（1943.10—1944.3）。

秘书：赵正（1943.10—1944.2）。

军事委员：刘立甫（1943.10—1944.3）。

（二）中共平南工作委员会（1944.3—1944.10）

书记：苏玉振（1944.3—1944.10）。

军事委员：刘立甫（1944.3—1944.10）。

1. 组织部

部长：刘浩（1944.3—1944.10）。

2. 宣传部

部长：陈宗琪（1944.3—1944.10）。

3. 敌工部

部长：徐践（1944.3—1944.10）。

（三）大宛安永固涿良县办事处（1943.10——1944.3）

主任：刘广钰（1943.10—1944.3）。

秘书：张柱天（1943.10—1944.3）。

1. 交通队

队长：耿玉亭（1943.10—1944.3）。

（四）平南办事处（1944.3—1944.10）

主任：刘广钰（1944.3—1944.10）。

秘书：张柱天（1944.3—1944.10）。

1. 交通队

队长：耿玉亭（1944.3—1944.10）。

十、平南县（1944.10—1945.3）

（一）中共平南县委员会（1944.10—1945.3）

书记：苏玉振（1944.10—1945.3）。

1. 组织部

部长：刘浩（1944.10—1945.3）。

2. 宣传部

部长：陈宗琪（1944.10—1945.3）。

3. 敌工部

部长：徐践（1944.10—1945.3）。

（二）平南县抗日民主政府（1944.10—1945.3）

县长：阎占彭（1944.10—1945.3）。

1. 民政科

科长：赵占鹏（1944.10—1945.3）。

2. 财政科

科长：赵昌宗（1944.10—1945.3）。

3. 实业科

科长：李振林（1944.10—1945.3）。

4. 公安科

科长：朱干（1944.10—1945.3）。

5. 交通队

队长：耿玉亭（1944.10—1945.3）。

6. 平南县大队

队长：刘启才（1944.10—1944.12）。

政委：苏玉振（1944.10—1944.12）。

副政委：何全志（1944.10—1944.12）。

7. 平南县支队

队长：白宗善（1944.12—1945.3）。

副队长：刘启才（1944.12—1945.3）。

政委：苏玉振（1944.12—1945.3）。

副政委：王嘉钜（1944.12—1945.3）。

8. 平南县农民抗日救国会

主任：李树春（1944.10—1945.3）。

十一、新涿县（1944.10—1945.9）

（一）中共新涿县委员会（1944.10—1945.9）

书记：尹景芬（1944.10—1945.1），张馨（1945.2—1945.4），李兴（1945.7—1945.9）。

1. 组织部

部长：任光（1944.10—1945.9）。

2. 宣传部

部长：牛犇（1944.10—1945.9）。

3. 敌工部

部长：张馨（1944.10—1945.9）。

（二）新涿县抗日民主政府（1944.10—1945.9）

县长：尹景芬（1944.10—1945.1），周浦（1945.7—1945.9）。

1. 民政科

科长：马汝林（1944.10—1945.9）。

2. 新涿县县大队

队长：冯兆贵（1944.10—1945.9）。

政委：尹景芬（1944.10—1945.9）。

副政委：张继宗（1944.10—1945.9）。

（三）区级组织机构

1. 中共新涿县一区委员会

书记：张凯（1944.10—1945.9）。

2. 新涿县第一区区公所

区长：贾立志（1944.10—1945.9）。

3. 中共新涿县二区委员会

书记不详。

4. 新涿县第二区区公所

区长：史铁民（1944.10—1945.9）。

5. 中共新涿县第三区委员会

书记不详。

6. 涿县第三区区公所

区长不详。

十二、涿良宛县（1945.3—1945.9）

（一）中共涿良宛县委员会（1945.3—1945.9）

书记：刘浩（1945.3—1945.5）。

1. 组织部

部长：李允忠（1945.3—1945.9）。

2. 宣传部

部长：陈宗琪（1945.3—1945.9）。

3. 敌工部

部长：王绍彬（1945.3—1945.9）。

（二）涿良宛县抗日民主政府（1945.3—1945.9）

县长：马迅（1945.3—1945.9）。

秘书：李志刚（1945.3—1945.9）。

1. 民政科

科长：白黎平（1945.3—1945.9）。

2. 财政科

科长：张德峰（1945.3—1945.9）。

3. 教育科

科长：文友仁（1945.3—1945.5）。

4. 公安科

科长：王柱国（1945.3—1945.9）。

5. 贸易局

局长：陈毅（1945.3—1945.9）。

6. 涿良宛县游击大队

队长：支广西（1945.3—1945.9）。

副队长：张贝珍（1945.3—1945.9）。

政委：刘浩（1945.3—1945.9）。

副政委：翟耀清（1945.3—1945.9）。

7. 涿良宛县人民抗日武装委员会

主任：苏维政（1945.3—1945.9）。

8. 涿良宛县工人抗日救国会

主任：杜占波（1945.3—1945.9）。

9. 涿良宛县农民抗日救国会

主任：李树简（1945.3—1945.9）。

10. 涿良宛县青年抗日救国会

主任：宋三洪（1945.3—1945.9）。

11. 涿良宛县妇女抗日救国会

主任：国辉（1945.3—1945.9）。

（三）区级组织机构

1. 中共涿良宛县河西二区委员会

书记：韩静（1945.3—1945.9）。

2. 涿良宛县河西二区区公所

区长不详。

主要参考资料

[1]《中国共产党的九十年》，中共中央党史研究室著，中共党史出版社、党建读物出版社，2016 年 6 月版。

[2]《冀中抗日根据地斗争史》，中共河北省委党史研究室、冀中人民抗日斗争史资料研究会编，中央党史出版社，1997 年 10 月版。

[3]《中国共产党保定地方史》，朱赤主编，中央文献出版社，2000 年 12 月版。

[4]《中共保定党史大事记》，朱赤主编，中央文献出版社，1997 年版。

[5]《中国抗日战争史》，《中国抗日战争史》编写组著，人民出版社，2011 年 9 月版。

[6]《中国抗日战争史简明读本》，支绍曾主编，人民出版社，2015 年 5 月版。

[7]《从鸦片战争到五四运动》，胡绳著，人民出版社，1995 年 11 月版。

[8]《中共党史事件人物录》，《中共党史事件人物录》编写组编著，

上海人民出版社，1984 年 3 月版。
[9]《华北抗日根据地纪事》，魏宏远主编，天津人民出版社，1986 年 6 月版。
[10]《留给后世的故事，冀中抗战史话》，冉淮州、刘绳著，天津人民出版社，1987 年 5 月版。
[11]《中国抗战：晋察冀根据地抗日影像》，沙飞图、黄道炫文，山西人民出版社，2015 年 7 月版。
[12]《中国八年抗日战争日程纪要》，李秀勤主编，河南人民出版社，2009 年 10 月版。
[13]《河北省涿州市组织史资料》，涿州市党史办编，河北人民出版社，1994 年 11 月版。
[14]《涿州人民革命史（新民主主义革命时期）》，中共涿州市委党史研究室著，河北人民出版社，1993 年 6 月版。
[15]《张廷瑞传》，宋俊然编著，河北人民出版社，1991 年 4 月版。
[16]《河北文史集萃·革命斗争卷》，河北省政协文史资料委员会编，河北人民出版社，1991 年版。
[17]《平西儿女》，平西抗日斗争史编写组、中法大学校友会编委会合编，光明日报出版社，1986 年 6 月版。
[18]《六十年来中国与日本》，王芸生编著，生活·读书·新知三联书店，2005 年 7 月版。
[19]《中华民族的抗日战争》，罗焕章等著，军事科学出版社，1987 年 6 月版。
[20]《平西抗日根据地历史》，中共北京市委党史研究室、房山区党

史区志办公室编，北京出版社，2015 年 6 月版。
[21]《北京市门头沟区志》，北京市门头沟区地方志编纂委员会编，北京市出版社，2006 年 6 月版。
[22]《保定抗战风云谱》，任牧辛编著，北京燕山出版社，2014 年 3 月版。
[23]《平西抗战史录》，涞水县历史文化研究会、涞水县地方志办公室编，北京燕山出版社，2014 年 3 月版。
[24]《涿州历史名人传略》，刘桂郁主编，北京燕山出版社，2016 年版。
[25]《“儒教国家”日本的实像》，李卓著，北京大学出版社，2013 年 3 月版。
[26]《中国共产党保定市组织志》，中共保定市委组织部编，河北大学出版社，1992 年 8 月版。
[27]《廊坊安次志》，刘化田主编，中国文史出版社，2011 年版。
[28]《涿州志》，涿州市地方志编纂委员会编，方志出版社，1997 年 5 月版。
[29]《涞水革命斗争史略》，政协涞水县委员会编，中国和平出版社，2009 年 1 月版。
[30]《陈辉传记》，宋俊然编，中国民间文艺出版社，1989 年 10 月版。
[31]《十月的歌》，陈辉著，作家出版社，1958 年 6 月版。
[32]《晋察冀抗日根据地史》，谢忠厚、肖银成主编，改革出版社，1992 年 6 月版。
[33]《日军侵占平西罪行图影录》，赵思敬主编，北京联合出版公司，

2015 年 8 月版。
[34]《冀中人民抗日斗争资料》，冀中人民抗日斗争史资料研究会办公室内部资料，1985 年 3 月 5 日第 15 期。
[35]《冀中十分区第二联合县人民抗日战争史》，《冀中十分区第二联合县人民抗日战争史》编写组编著，1985 年印制。
[36]《拒马河畔的烽火》，晋察冀冀中十分区第一联合县抗战史编辑委员会编著，1989 年 10 月印制。
[37]《房山人民革命斗争史》，《房山人民革命斗争史》编审组编，1986 年印制。
[38]《保定文史资料选辑》，中国人民政治协商会议河北省保定市委员会文史资料研究委员会编，1986 年 5 月印制。
[39]《大兴县革命斗争史》，大兴县史志委员会编，1988 年印制。
[40]《红色历程——固安革命老区斗争史略》，固安县老区建设促进会、固安县政协科教文卫委编，2016 年印制。
[41]《王凤岗其人》，李克编著，中国人民政治协商会议、高碑店市教科文卫史委员会编印。
[42]《涿州风云录》，赵海声编，1985 年 8 月印制。
[43]《涿州英烈》，赵海声编，1986 年 7 月印制。
[44]《涿州烽火》，宋俊然、赵海声主编，1987 年 3 月印制。
[45]《中共涿州党史人物》，宋俊然、赵海声主编，1988 年 3 月印制。
[47]《涿县文史资料》，政协涿县文史资料委员会 1986 年 6 月编印。
[48]《涿州文史资料》，政协涿州文史资料委员会 1988 年 5 月编印。

［49］《涿州人物录》，政协涿州文史资料委员会 1989 年 10 月编印。
［50］《涿州文史资料》，政协涿州文史资料委员会 1997 年 7 月编印。
［51］《涿州文史资料》，政协涿州文史资料委员会 2002 年 10 月编印。

后　记

《涿州抗日战争史略》一书经过前期的搜集资料、座谈、走访知情人、查证史料等相关工作，于 2020 年夏与刘文江老师合作编撰完成初稿。在之后的审校过程中，与恩师刘桂郁和王法文老师整体把握全书的思想脉络，对引用的史料反复核实，勘误纠讹，对全书的字词句斟字酌、精心打磨，使全书基本上准确记述了涿州人民在中国共产党领导下英勇抗战的历史进程。本书九易其稿，终于在 2020 年冬，将书稿送至河北大学出版社出版。

2011 年，我在涿州市民政局工作时，兼任涿州市烈士陵园讲解员。从那时起，我开始整理涿州烈士资料，逐渐发现缺乏关于涿州抗战历史的系统性资料，更没有专门著作，而涿州在抗战时期的战略位置是很重要的，在抗战中涌现出的英雄事迹更是感人至深，我们应该记录下这段历史，传承抗战精神，以告慰抗日英烈。于是，我便开始着手收集资料，准备撰写涿州抗战史。2019 年初，涿州市退役军人事务局委任我为涿州市烈士陵园园长，撰写《涿州抗日战争史略》一书更成了我义不容辞的使命，因此加快了编撰进度。

经过师父、老师、领导们的帮助和支持，《涿州抗日战争史略》一书终于要正式出版发行了。在这里，我诚挚地感谢中共涿州市委宣传部李振宇部长、赵玉芬部长、齐伟谦常务副部长，涿州市民政局原局长李鸿雁，涿州市退役军人事务局李军波局长，以及在本书编撰过程中给予过支持的其他各位领导和河北大学出版社的老师们！

李英欣

2021 年 7 月 27 日